JN228808

デジタル時代のプロセス変革リーダー

Process Visionary

株式会社エル・ティー・エス
山本政樹・大井 悠／著

プレジデント社

はじめに　難しさを増すデジタル時代のビジネスプロセスマネジメント

企業にとってビジネスプロセスは生命線です。どれだけ魅力的な製品やサービスを企画しても、ビジネスプロセスがお客様にそれらを届けなければ意味をなさないからです。かつて日本企業のビジネスプロセスは優秀な現場に支えられてきました。管理職とオペレーション担当者が一体となって業務を最適化する〝カイゼン〟は日本企業の躍進を支える原動力の一つだったともいわれます。しかし近年、企業のビジネスプロセスマネジメントは、急速にその難しさを増しています。

大きな要因はビジネスのデジタル化です。1990年前後からビジネスプロセスの変革にはデジタル技術の活用が必須となりました。当然、これらを活用するための知識や、エンジニアと連携する能力が求められます。また、デジタル技術の浸透は、経験を通して担当業務を理解することも難しくしました。今は担当者がボタンを押せば必要な情報の収集や計算をシステムが行ってくれます。こうなると経験だけでは担当業務のルールや処理論理を理解することはできません。この30年の間に業務とは〝経験則で習得し、自力で改善するもの〟から、〝専門性を駆使して分析し、エンジニアとの共同作業で変革するもの〟へと変わったのです。

デジタル技術のことならエンジニアに頼ればいいのかというと、そうともいえません。デジタル技術はあくまでも変革実現の手段ですから、これを活用するためにはビジネス側が事業のあるべき姿を明確にした上で、要求をエンジニアにしっかりと提示する必要があります。今も昔もソフトウェア開発の失敗理由の上位は、技術的な問題ではなく、要求事項の不明確さや度重なる変更といったビジネス側の問題が占めます。ビジネス側に適切なソリューションを選定し、エンジニアに要求をしっかり伝える能力がなければ、デジタル化を推進することはできないのです。

このような変化のなかで、海外では「ビジネスアナリスト」と呼ばれる役割を置く企業が増えています。ビジネスアナリストは、企業のビジネスプロセスマネジメントの担い手であり、デジタル技術の導入を推進するために登場した新しい職業です。海外の企業ではビジネスアナリストが社内にいることは日常の風景です。北米が本場ですが、欧州やアジアにも多くのビジネスアナリストがいて、その数は全世界で100万人以上とも推定されます。

日本企業にも業務改善やビジネスプロセス変革に携わる方が大勢いらっしゃいます。しかし、日本ではこのような役割が専門職として認知されているとはいえません。このため、プロセス変革の担当者は専門教育を受けておらず、非効率な活動を行ってしまったり、取り組みが完了するとまた元の担当業務に戻ってしまい、せっかくの経験が次に活かされなかったりしています。また、変革活動で得た専門性に対して社内でのキャリアが整備されていることは少なく、活動に携わる方から「業務改善で成果をあげても社内では認めてもらえない」という声を聞いたこともあります。しかし、このような役割は海外ではビジネスアナリストという一つの専門職であり、しかも今、とても注目されているキャリアなのです。

実は日本でもビジネスアナリストを置く企業が増えています。役割の呼び方は各社で異なりますが、ファーストリテイリング、ZOZO、三菱UFJ銀行、日産自動車、DeNAといった、皆さんもご存じのさまざまな企業でビジネスアナリストが活躍しています。[※1] この本ではこのような企業の中から良品計画、パーソルキャリア、MonotaRO、そしてNPO（非営利団体）であるサービスグラントのビジネスアナリストを紹介しています。

私たちはこの本を通して、ビジネスプロセスマネジメントが一つの専門性として認められ、その専門家であるビジネスアナリストが社内で活躍できる環境を作りたいと

※1…私たちは採用情報などを通してビジネスアナリストやそれに類する役割が存在している企業を定期的に調査しています。ここに記載したのはそのような企業のほんの一部です。

考えています。それは企業の変革能力を高め、企業価値を向上させるためであることはもちろん、企業でこのような役割に携わる方たちにキャリアの選択肢を示し、活躍の場を広げるためでもあります。

ビジネスプロセスがこれからの企業の命運を左右する

ビジネスプロセスはさまざまな業務の集合体です。それぞれの業務はインプットであるモノや情報に手を加えて価値を高め、アウトプットとして送り出します。これが連鎖していくことで、最終的にお客様に製品やサービスが届くのです。この一連の流れを「ビジネスプロセス」と呼びます。ビジネスプロセスを最適なものに維持するためには、「業務改善」のような比較的小規模な活動から、部門を横断した大規模な「ビジネスプロセス変革（プロセス変革）」まで、さまざまな活動を継続的に行う必要があります。そして、このような自社のビジネスプロセスを常に最適な状態に保ち続ける活動を総称して「ビジネスプロセスマネジメント」と呼びます。近年はこのビジネスプロセスマネジメントの能力が企業業績を大きく左右するようになっています。

ビジネスプロセスマネジメントが不十分なために問題が起きた例がＥＶ（電気自動車）で世界を席巻しているテスラです。テスラは２０１７年の第３・四半期決算（７月

〜9月）に当初の見通しを大きく上回る赤字となりました。その原因は当時最新型の「モデル3」の生産台数が目標に大きく届かなかったためです。それまでテスラを肯定的に評価する論評ばかりが目立ちましたが、このニュースを境に財政的な苦境や社内外の関係者からの厳しい目線を伝える報道が増えました。幸いにしてテスラの生産体制はその後改善し、2018年の生産台数は過去を大きく上回る数値を達成しました。しかし、生産を急いだためか、今度は製品品質の問題を指摘する報道が目立つようになりました。

優れた経営には素晴らしいビジネスモデルの立案、迅速な意思決定といった要素があります。もちろん、近年ではデジタル技術の活用も欠くことができない要素です。テスラはこれらの要素に関しては、他社よりも優れた能力を持っていると言えるでしょう。しかし、そんなテスラであっても自動車という複雑な製品を高い品質で作り上げ、全世界に供給することは容易ではないのだと思わせる出来事でした。

テスラのように、今の時代にビジネスプロセスマネジメントが難しいことを示す事例は事欠きません。かつてビジネスプロセスリエンジニアリング（BPR）と呼ばれる大がかりなプロセス変革が流行した際も、後の調査ではその67%は失敗、または見るべき成果のない取り組みに終わったとされました。※2 近年の調査でも「変革プログラムの70%は失敗する」[※3]「自社は戦略を立案することには長けていると感じる企業のリーダーは80%に上るが、それがしっかり実行されると感じているリーダーは44%にとどまる」[※4]というように、企業が戦略をプロセスに落とし込むことに苦労していることを示すデータはあげるときりがありません。

自社のビジネスプロセスにビジョンを

ビジネスプロセスマネジメントが難しくなった背景にはさまざまな要因が絡んでいます。企業の製品やサービスはどんどん多様かつ複雑化しています。必然的にこれを届けるビジネスプロセスも複雑にならざるを得ません。また、このような活動の裏側で企業を支える管理プロセスも複雑さを増しています。地球環境への配慮、内部統制、BCP（事業継続計画）、個人情報保護、CSR（企業の社会的責任）といった考え方の大半は、この30年で普及したものです。

今の時代、企業にはさまざまな機能を統合した上で、プロセス全体を再設計することが求められています。それにもかかわらず企業は機能別に細分化された専門家で構成されており、多くの人の知見は担当範囲に閉じる、いわゆる〝サイロ〟の状態にあります。本来であればこのようなサイロを貫いてビジネスプロセスを創造することは経営者の役割ですが、経営者が独力で複雑な自社の構造を細部まで理解し、実行可能なプロセスを再設計することは難しいでしょう。

ビジネスプロセスマネジメントの難しさは、企業のビジネスプロセスの複雑さと、その情報量の多さにあります。一つの企業のビジネスプロセスを可視化すると、その数は軽く数百から数千（時にはそれ以上）になります。そしてそこでは従業員だけでなく、サプライヤーや協力会社など多くの関係者が働いています。経営者にとってビジネスプロセスマネジメントはその広大な責任のごく一部でしかありませんから、こればかりに時間を割くわけにはいきません。ビジネスプロセスを最適化することの責任が最終的に経営者に属することに誰も異論はないと思いますが、経営者が現実にビジネスプロセスマネジメントのかじ取りを行うことは、世間一般で考えられているよりもはるかに難しいのです。

※2…Thomas H.Davenport「The Fad That Forgot People（1995年10月31日）」より
※3…McKinsey & Companyの調査より
https://www.mckinsey.com/featured-insights/leadership/changing-change-management
※4…Bridges Business Consultancyの調査より
http://www.implementation-hub.com/articles/The_Seven_Top_Reasons_Why_Leaders_Fail_to_Implementation_Strategy.pdf

ビジネス部門、エンジニア、経営者、その誰もがビジネスプロセスマネジメントに欠くことのできない大切な役割です。しかし、これからの企業には、これらの人々の中心に、専門性を駆使して活動をリードできる人材が必要です。それが、〝ビジネスアナリスト〟なのです。ビジネスアナリストは、お客様の目線で全体最適のプロセスの姿を創造し、デジタル技術への知見を持ってエンジニアに対して要求を提示できるビジネスプロセスマネジメントの専門家です。

「Process Visionary（プロセスビジョナリー）」というこの本のタイトルには、〝自社のプロセスの在り方にビジョンを持つ人〟という意味と、〝プロセスビジョナリーな企業〟という組織そのものの在り方としての二つの意味を込めています。ビジネスアナリストは難しさを増す企業のビジネスプロセスマネジメントにおいて、〝プロセスビジョナリー〟として振る舞いながら、企業をプロセスビジョナリーな組織へと導きます。

この本はビジネスアナリストという〝人〟を紹介する本です。ビジネスプロセスマネジメントの手法を解説するものではないことをご理解いただければと思います。しかし「戦略の実行が思うように進まない」「部門横断の活動が上手くいかない」「デジタル化の取り組みが進まない」という悩みをお持ちの経営者や管理職の方には、現状打破のヒントとなる事柄が詰まっているでしょう。すでにビジネスアナリストとして活躍している方からすると既知の内容が多いかもしれませんが、海外の動向なども含めて、私たちなりにビジネスアナリストを取り巻く環境について広い視野でまとめたつもりです。ですからビジネスアナリストがそのキャリアを振り返るという意味でも、この本はお役に立つと思います。

そして誰よりも、企業内で業務改善やプロセス変革に携わる担当者の方にこの本を読んでいただきたいと思います。近年、デジタルソリューションの浸透もあってさまざまな部門で変革に従事する担当者の方が増えています。そのような方の中には、自分たちの活動がどのようなキャリアにつながるのか悩まれている方も多いかと思います。私たちはこの本を通して、ビジネスアナリストと名乗るかどうかにかかわらず、日本企業で働くビジネスプロセスの改善・変革を担う方たちに、自身の専門性を振り返り、キャリアを形成する上でのヒントを提示できればと思っています。この本が、企業がデジタル時代のビジネスプロセスマネジメントを乗り切るための体制を築く上での一助になれば幸いです。

目次

第一章

それはデジタルからはじまった

世界で注目される新しい役割〝ビジネスアナリスト〟

ビジネスアナリストという役割名称を聞いて、具体的な姿を思い浮かべることができる人は日本では少ないのではないかと思います。ビジネスアナリストを証券アナリストなどの企業業績や経済動向を分析する職種と混同している人も多いようです。この章ではビジネスアナリストの姿を具体的にイメージできるよう、海外の事例を中心にその役割を紹介します。

ビジネスアナリストは仕事の建築士

一言でビジネスアナリストといっても、企業の中ではさまざまな役割を担っています。まず海外の事例を通して、代表的なビジネスアナリストの姿を見てみましょう。

デジタルサービスの最前線で活躍するビジネスアナリスト

北米の保険会社のマーケティング部に所属するアナは、ビジネスアナリストとしてウェブサイトからさまざまな保険に加入できるサービスの改善に従事しています。チームメンバーはアナの他に、ウェブサイト運営リーダー(プロダクトオーナー)、ウェブサイトを開発するエンジニア、お客様が使いやすいウェブサイトの画面デザインを担うＵＩ（ユーザーインターフェース）デザイナーなどで構成されています（図１－１）。また、ここにはウェブサイトで取り扱っている自動車保険や住宅保険といった各サービスのビジネス部門担当者も関係者として名を連ねています。チームメンバーはネット経由での顧客獲得増加を目標に、ウェブサイトのユーザビリティ向上や後続の事務手続きの効率化に取り組んでいます。

アナがビジネスアナリストとしてまず行うのは、サービスの問題分析です。お客様の声や各ビジネス部門との意見交換、

1-1　保険会社ウェブサイト改善チームの体制図

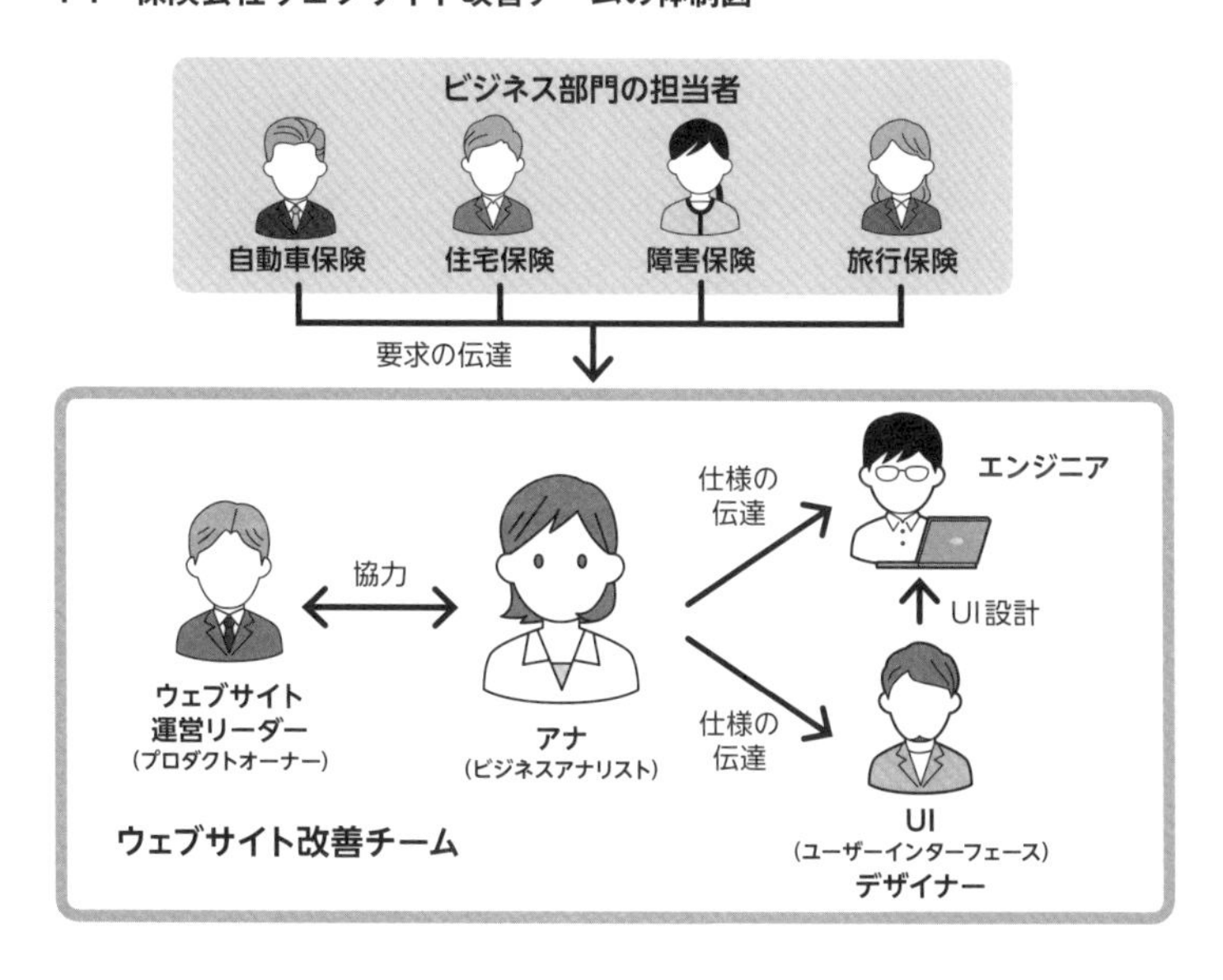

サービス利用状況などのデータを活用してサービスの改善点を見つけ出します。そして、これらの分析結果からチームに改善施策を提案します。施策の決定権限はオーナーであるウェブサイト運営リーダーや各サービスの担当者にありますが、アナは忙しい彼らに代わり、お客様の目線でサービスの問題分析と施策の立案を行います。

施策が決まると、次はこれらを具体的なビジネスプロセスやウェブサイトの仕様に落とし込む必要がありますが、この仕様を作り上げることもアナの役割です。この際に作成するのが、業務フローやシステムへの機能要求、ウェブサイトの画面仕様といった資料です。よりユーザビリティの高いウェブサイトにするための画面設計はＵＩデザイナーが行いますが、画面に表示させる項目や必須入力事項といった要求を提示し、サービス担当者の目線でデザイン案をチェックするのはアナの仕事です。

これらの仕様をもとに、アナはエンジニアに対して機能の開発や修正を依頼します。開発フェーズに入ると、アナはチームメンバー間のコミュニケーションハブとして奔走します。細かい要求事項をエンジニアに伝えたり、開発途中で発生した問題をウェブサイト運営リーダーに報告したり、情報セキュリティや法務に関する事項を専門部門に相談したりといった具合です。エンジニアが作業を終了した後には、意図した通りのサイトになっているか検証も行います。

このような流れを経て、新たなサービスはリリースされるわけですが、アナの仕事はまだ終わりません。新しい機能をリリースすると、想定外のトラブルが発生することもありますし、新機能が思ったほど評価されないこともあります。そのような状況を把握し、エンジニアと連携しながら素早くバグを修正したり、サービスを見直したりします。このような対応を通して新たなサービスの運用が安定すると、また新たな改善点を分析し、サービスをより魅力的にするための企画を行っていくわけです。アナはこのようにサービス改善のＰＤＣＡを回す中心的な役割として活躍しています。

フロントからバックオフィスまで全体最適で変革するビジネスアナリスト

もう一人、別のビジネスアナリストの姿も見てみましょう。レイチェルは、アナと同じビジネスアナリストでありながら、所属はＩＴ部門です。彼女は今、自社の基幹システムの刷新プロジェクトに参画しています。基幹システムに関わるだけあって、プロジェクトメンバーにはプロジェクトマネージャやエンジニアのほか、数多くのビジネス部門の担当者が名を連ねています。ビジネス部門の中にはお客様へのサービスを担当する事業部門だけでなく、経理や人事といった管理業務担当の部門もいます[※1]（図

1－2)。

プロジェクトにおけるレイチェルの仕事は、まず取り組みの範囲となるビジネスプロセスを特定するところからはじまります。「自社の保険加入サイト」と担当範囲が明確なアナと違い、自社の広大なビジネスプロセスのどの範囲を取り組みの対象とするかを決めることは、それ自体がかなり大きな仕事です。

取り組みの範囲が決まると、レイチェルはビジネス部門に対してプロジェクトの目的と範囲を説明するとともに、現行業務の問題やシステムへの要求に

1-2　保険会社基幹システム刷新プロジェクトの体制図

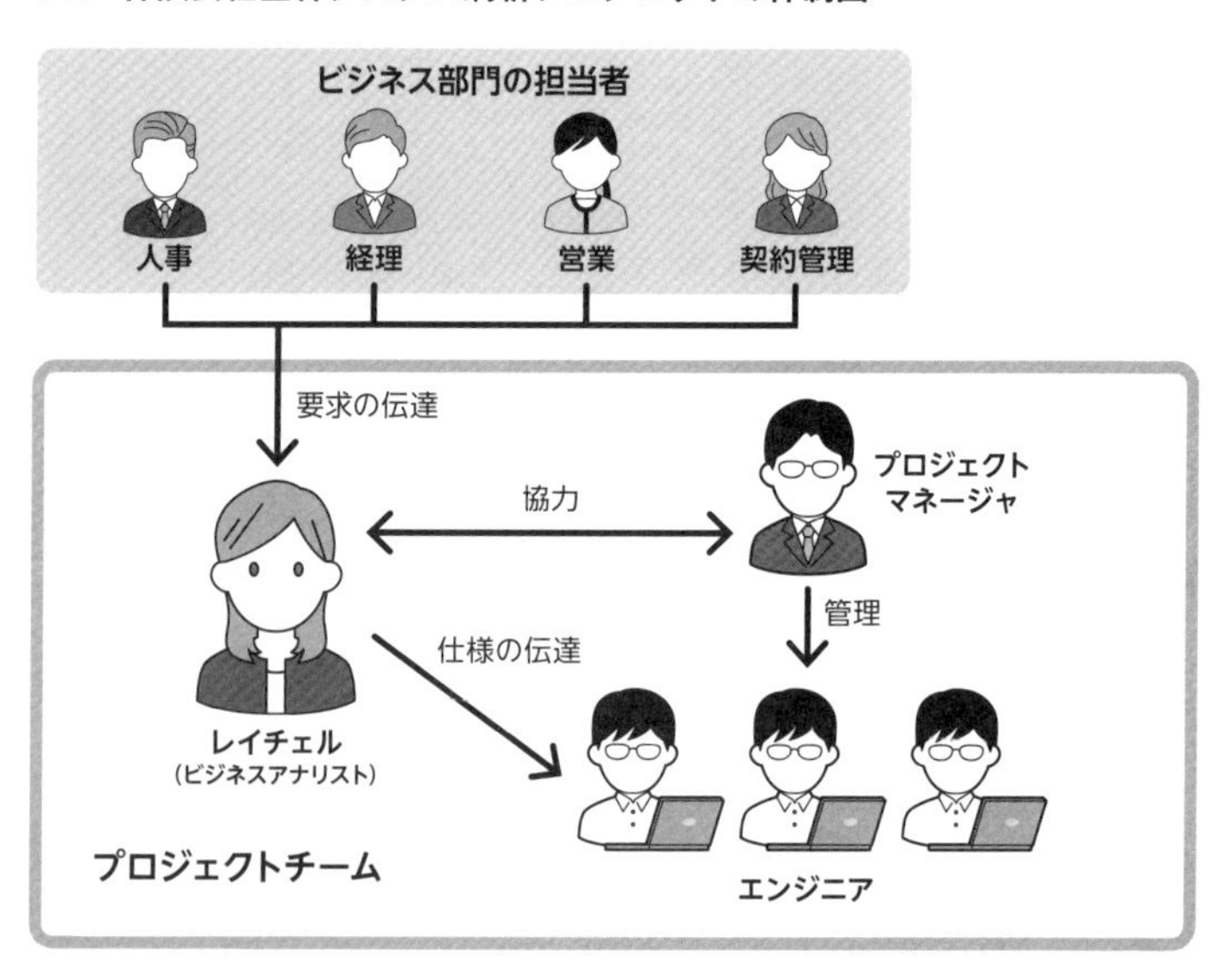

ついてインタビューを行います。このような一連の作業を円滑に行うために、業務フローを書いたり、問題を分析したりすることもレイチェルの仕事です。各部門の要求は、時に干渉しあったり、部分最適となっていたりします。そこでレイチェルは部門を超えた視点を持って、〝全体最適〟のプロセスの設計を心がけます。

プロセス設計を行うと、新たな基幹システムへの細かな要求を明確にすることができます。そうなるとレイチェルのコミュニケーションの相手はビジネス部門から、システムの開発を行うエンジニアが中心となります。彼らに要求を説明し、要求通りにシステムができあがるように設計書の確認や受け入れテストを実施するのです。

これらに加えて、新たな業務やシステムの姿をエンドユーザーとなる各部門に伝え、速やかに新業務に移行できるよう準備することもレイチェルの仕事です。業務マニュアルや教育メニューの作成、トレーニング参加者の選定や会場のアレンジ、ヘルプデスクの立ち上げといった細かな仕事も行います。こうした一連の仕事を通して、レイチェルは全体最適の観点で基幹システムを作り変え、新たな業務を実行可能な状態へと持っていきます。

※1…この本ではお客様にサービスを提供する事業部門と、調達や人事といった機能オペレーションを担う業務部門の両方をまとめて「ビジネス部門」としています。

ビジネスアナリストが果たす役割

アナとレイチェルは活躍するフィールドこそ違いますが、その働きにはいくつか共通項があります。まずあげられるのが、どちらも「客観的な立場で業務・サービスの問題分析を行う」ことです。最終的に施策の意思決定を行うのはビジネス部門ですが、アナもレイチェルも忙しいビジネス部門に代わり、その問題を明らかにし、施策の優先順位を立案しています。二つ目の働きは、「多くの関係者からあがる要求をまとめ、新たなビジネスプロセスを設計する」ことです。この活動の具体的な成果物として業務フローなどのプロセス設計文書が作成されます。そしてこれらの設計文書を用いて「ソリューションを開発するエンジニアに要求を伝え、要求通りのソリューションとなっているか検証する」ことが三つ目の働きです。近年は活用されるソリューションの大半がデジタル技術ですから、ビジネスアナリストのこの働きはデジタルトランスフォーメーションを推進する上で大変注目されています。そして最後の働きは「取り組みに関係する部門・組織のコミュニケーションハブとなり、関係者の協力体制を構築する」ことです。二人は、人と人の間に入り、共通認識が形成されるようにコミュニケーションの仲介をしています。このように、企業がビジネスプロセスを構築したり、変革したりする時に問題の分析から設計、エンジニアへの要求伝達、現場への新

1-3　ビジネスアナリストが果たす役割

ビジネスアナリストが果たす役割

1. 客観的な立場で業務・サービスの問題分析を行う
2. 多くの関係者からあがる要求をまとめ、新たなビジネスプロセスを設計する
3. ソリューションを開発するエンジニアに要求を伝え、要求通りのソリューションとなっているか検証する
4. 取り組みに関係する部門・組織のコミュニケーションハブとなり、関係者の協力体制を構築する

しいプロセスの展開といった一連のサイクルを通して、新たなビジネスプロセスの実現に導くことがビジネスアナリストの役割です。

ビジネスアナリストの仕事は建築士にとても似ています。家を建てる際は、まず施主であるオーナーがいて、そのオーナーの意向を酌んで建築士が家をデザインします。ビジネスでは、このオーナーがビジネス部門や経営者にあたります。建築の場合は一から設計することが多いようですが、ビジネスの場合はこれまで住んでいる家（＝既存のプロセス）の問題を分析し、より良くするリフォーム型の案件が多いかもしれません。

建築士はオーナーの意向を設計図面という文書に書き起こします。設計図面を作成するにあたり、オーナーの意向はもちろん、クリアしなければいけないさまざまな法令、近隣地域との兼ね合い、暴風

雨や地震への耐久性などを考慮した上で間取りや工法を決定する必要があります。ビジネスではこれが内部統制であり、情報セキュリティであり、各種の法規制ということになります。そして設計図面をもとに施工会社に仕様を伝え、施工会社の作業を監理もします。施工途中にトラブルが起きれば、オーナーや施工会社と仕様変更についてコミュニケーションをとり、対処する必要もあります。完成した家が設計通りとなっているか確認してオーナーに引き渡すと建築士の仕事は一段落つきますが、その後も小修繕を行ったり、経年劣化が発生していないかチェックしたりとオーナーとの関係性は続きます。ビジネスアナリストは経営層、エンジニア、ビジネス部門などプロセス変革の関係者間を行ったり来たりしながら、プロセスを設計し、その実現に向けて奔走する、まさにビジネスプロセスの建築士のような働きをするのです。

デジタル技術の普及がビジネスアナリストを生んだ

動画投稿サイトのＹｏｕＴｕｂｅで「Business Analyst」を検索すると、グーグルの採用広告動画がトップに表示されます（２０１９年６月現在）。この「Meet Business Analysts at Google」というタイトルの動画の解説には「ビジネスをあらゆる側面から再創造し、グーグルの継続的な改善を推進するビジネスアナリストに会ってみませんか？」とあります（原文は英語）。このように皆さんが知っている多くの企業でもビジネスアナリストは働いています。

きっかけはシステム導入失敗の反省

ビジネスアナリストという役割が認知されはじめたのは２０００年前後で、この20年ほどで急速に普及しました。「ビジネスアナリスト」とは〝ビジネスアナリシスを専門に行う役割〟という意味ですが、ビジネスアナリシスは情報システム導入プロジェクト失敗の反省から生まれた考え方です。１９９０年前後から盛んになったビジネスプロセスへの情報システム導入においては、数多くの失敗プロジェクトが発生しました。１９９５年に行われた調査によると情報システム導入プロジェクトで成功と呼べるも

1-4　グーグルのビジネスアナリスト採用広告動画

出典：Meet Business Analysts at Google（https://www.youtube.com/watch?v=IkfZwVPKbsE）

のは全体の二割もなかったのです。[※2] その失敗要因の上位はソフトウェアの技術的な問題ではなく、「ビジネス側からの情報が不足」「要求や仕様が不完全」「要求や仕様が変化」といったビジネス側からの要求に関するものでした。このような調査結果もあり、デジタル技術導入におけるビジネス部門からの要求を分析する手法（＝要求分析）は大きな注目を集めるようになったのです。

もともと要求分析はソフトウェア工学の一分野でした。ただ、企業が開発する業務支援用ソフトウェアにおいて「要求を明確にする」とは、事業をしっかり理解し、適切な将来像を描くことに他なりません。ですから要求分析は純粋なソフトウェア技術の研究とは少し異なる分野に発展します。これが２０００年前後に企業の事業や業務の分析を担う活動「ビジネスアナリシス（＝業務分析）」として確立され、その専門家を「ビジネスアナリスト」と呼ぶようになりました。このような成り立ちから、かつてのビジネスアナリストは管理業務の効率化が活躍の中心でした。レイチェルのような基幹システム周辺のＩＴプロジェクトを担うビジネスアナリストは比較的、伝統的なビジネスアナリストの姿といえます。

ただ、近年ビジネスアナリストはその役割の範囲を大きく広げています。なかでもアナのようにお客様向けのデジタルサービスの最前線で活躍するビジネスアナリストは注目を集める存在です。その背景として、ネット通販やオンライン金融（銀行や保険など）のように、企業がデジタル接点を通してお客様にサービスを提供することが当たり前になったことがあげられます。例えばグーグルやアマゾンといった企業はサービスサイト上での顧客導線を分析・改善することが収益に直接的に結び付くため、積極的にビジネスアナリストを採用しています。

このほかにもビジネスプロセスアウトソーシング（BPO）やシェアドサービスの推進のような、デジタル以外のソリューション活用を担う役割や、より経営者に近い目線で企業のビジネスプロセスの構造管理を担う役割も、ビジネスアナリストの仲間とされるようになっています。このような役割の広がりの結果、今ではビジネスアナリストは企業のさまざまな変革活動を担う専門家の総称となりつつあります。そのため、ビジネスアナリストの役割を一言で表現することは簡単ではないのですが、私たちは

※2…THE CHAOS REPORTより。THE CHAOS REPORTは米国のコンサルティング会社スタンディッシュグループが１９９５年から実施している調査で、１９９５年の調査では当時ＭＩＳ（Management Information Systems：経営情報システム）と呼ばれていた企業の基幹システムの開発をターゲットとして、３６５人の回答者にプロジェクトの成否をヒアリングしています。この調査の結果は、当初目指した期間やコスト、要求機能の実装を満たした「成功」と呼べるプロジェクトはたったの16・2％で、52・7％のプロジェクトは期間超過やコスト超過といった問題を引き起こしており、31・1％のプロジェクトは中止や中断に至っているというもので、当時のソフトウェアエンジニアリング業界に大変な衝撃を与えました。

これまでのビジネスアナリストが主に担ってきた役割と、日本でもなじみのある言葉を考慮して、この本ではビジネスアナリストを「ビジネスプロセスマネジメントの専門家」としています。[※3]

海外では社内にビジネスアナリストがいることは日常の風景

社内にビジネスアナリストがいることは、海外の企業ではありふれた風景です。ビジネスアナリストが集まるカンファレンス[※4]に行くと、米国、カナダはもちろんイギリスやドイツ、北欧といったヨーロッパの国々、インドやベトナムといったアジアの国々、さらにはアフリカの国々までさまざまな国で働くビジネスアナリストに会うことができます。ビジネスアナリシスの普及・啓蒙活動を行っている国際団体IIBA[※5]が行っているサラリー調査[※6]では世界110

1-5　カンファレンスの光景（IIBA BBC 2014）

以上もの国・地域のビジネスアナリストが回答しており、多くの国でビジネスアナリストが働いていることが分かります。

世界のビジネスアナリストの人数を正確に調査した結果はありません。役割の範囲が急速に広がっているため、現実的な調査がほぼ不可能なのです。米国では２０１０年の段階で、ＩＴ領域だけでも10万人[※7]を超えるビジネスアナリストが活躍しているといわれていましたが、今ではビジネス特化型ＳＮＳ「LinkedIn」で「Business Analyst」

※3…本来であればビジネスアナリストの基本的な定義は「ビジネスアナリシスの専門家」ですが、近年ビジネスアナリシスは対象とする変革の範囲が急速に広がっており、さまざまな側面を持っています。この本では特にビジネスプロセス変革を担うビジネスアナリストの姿に重きをおいて記述したため、このような表現としています。

※4…ＩＩＢＡ（次項参照）が主催するＢＢＣ（Building Business Capability）や、ＩＲＭ ＵＫが主催するBusiness Analysis Conferenceなどが有名です。

※5…ＩＩＢＡ（International Institute of Business Analysis）はビジネスアナリシスの啓蒙と発展のための活動を行う国際的な非営利団体で、約3万人の会員がいます（本部はカナダ）。ビジネスアナリシスの知識体系であるＢＡＢＯＫを発行しているほか、ビジネスアナリストの資格試験やカンファレンス運営といったコミュニティ活動を行っています。なおビジネスアナリシスを推進する団体としてはこの他にも米国ＰＭＩ（Project Management Institute）などが有名です。

※6…サラリー調査（Global Business Analysis Salary Survey）はＩＩＢＡが毎年行っている調査で、質問項目にはジョブタイトル（肩書）、年収、働いているエリア、レポートラインといった項目があります。２０１８年のサーベイでは１１６の国または地域から、５０３０人が回答しており、この調査のレポートを読むと世界のビジネスアナリストがどのように働いているのか垣間見ることができます。

※7…カリフォルニア州立工科大学ポモナ校の一色浩一郎教授の講演では２０１０年当時で13万人といわれていました。

を検索すると全世界で数百万人もの人がヒットします。どの数字が正解なのかはさておき[※8]、海外でビジネスアナリストがとても身近な職業であることは間違いありません。CNNが数年おきに行っている職業ランキング「CNN Best Jobs In America」の2017年版では、アナのようなデジタルサービスを推進するビジネスアナリスト（プロダクトアナリスト）は4位に、レイチェルのようなIT部門で活躍するビジネスアナリスト（ITビジネスアナリスト）は38位にランクインしています。しかも、その需要は増える一方で、2020年までに米国だけで約90万人のビジネスアナリストが必要になるといわれています[※9]。ビジネスアナリストは世界的に注目を集めているホットな職業なのです。

企業のあらゆる部門で活躍するビジネスアナリスト

さて、日本ではこのような業務分析を担う専門人材は、コンサルティング会社のような外部サービスを活用することが少なくありません。ですから、ビジネスアナリストが社員として組織の中にいることに驚く方もいるでしょう。

しかし、海外では基本的にビジネスアナリストは企業の中にいます。そうでなくてはプロセス変革やデジタル導入を迅速に推進することができないからです。もちろん変革の取り組みに必要な人員数には繁閑の波があるため、海外でも社内で必要な人員数を満たせない場合は外部のサービスを活用することもあります。このような外部のビジネスアナリストは「コントラクトビジネスアナリスト（契約ビジネスアナリスト）」などと呼ばれ、多くの場合は社員のビジネスアナリストの指揮下で作業に従事します。ですから、あくまでも主力は社内にいるビジネスアナリストで、コントラクトビジネスアナリストは足りない稼働を補完する位置づけです。なぜ日本では外部のサービスに頼る傾向があるのかは第二章で考察しますが、この本ではビジネスアナリストは主に企業の中にいるものとして話を進めます。

では海外のビジネスアナリストは、企業のどの部門に所属しているのでしょうか。カンファレンスで知り合った北米の自動車メーカーで働くビジネスアナリストに「ビジネスアナリストは社内のどの部門に所属していますか？」と聞いたら、「どこの部

※8…ビジネスアナリストはその役割の広さと所属の曖昧さから人数の把握が大変難しいのが実情です。「LinkedIn」に「Business Analyst」と登録している人の中には、企業業績などを分析する、この本とは異なる種類の〝アナリスト〟も混じっているので大げさな数字です。しかし、後述の米国労働統計局の需要予測を見ると、米国だけで最低数十万人規模の市場があることは間違いなく、私たちは世界で100万人～200万人というのが現時点での世界のビジネスアナリストの規模だと推測しています。

※9…米国労働統計局の雇用予測プログラムにおけるレポートでは2020年までに87万6000人のビジネスアナリストが必要になるとしています。

門にもいますよ」と返されたことがあります。本当にどこの部門にもいるのかは企業によりますが、事実としてビジネスアナリストが活躍する部門は多岐にわたります。

図1－6はIIBAが世界中のビジネスアナリストのレポートライン（＝所属先）を調査したものです。この調査によるとビジネスアナリストはIT部門を皮切りに、お客様にサービスを提供したり、業務機能別にオペレーションを行ったりするビジネス部門、そして変革専門部門などさまざまな部門に所属していることが分かります。

同じビジネスアナリストでも所属が違えばその役割や仕事内容は変わります。企業のIT部門にはIT導入を専門とするビジネスアナリストがいますし、ビジネス部門にはその部門の業務改善や業務マニュアルの管理に携わるビジネスアナリストがいま

1-6　ビジネスアナリストの所属先

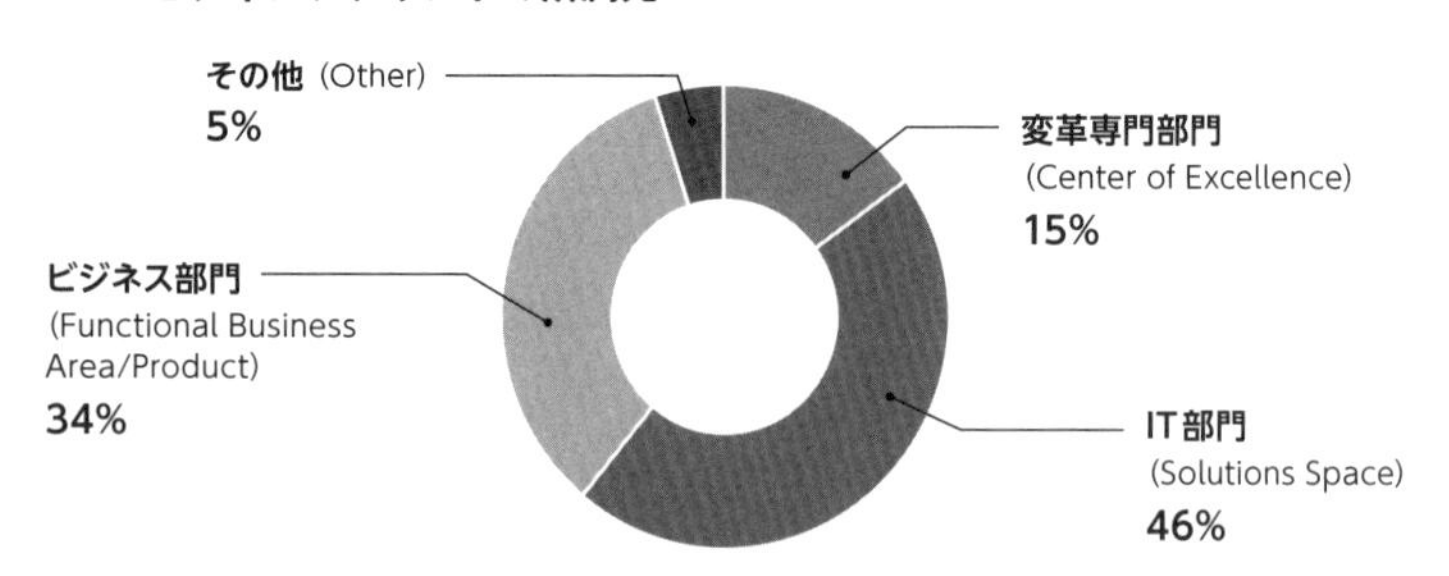

出典：IIBA Global Business Analysis Salary Survey 2018

す。プロセス変革を担う組織は企業内で一つとは限らないため、さまざまな部門でビジネスアナリストを必要とします。その意味ではビジネスアナリストというのは「教師」や「エンジニア」のような包括的な役割名称であり、教師にも社会科の教師もいれば数学の教師もいるように、ビジネスアナリストにも細かい役割の違いに応じてさまざまな種類があるのです。このようなビジネスアナリストの種類と所属については、この章のコラムに詳細にまとめたので、そちらを参照してください。

なお、ビジネスアナリストは必ずしも「ビジネスアナリスト」という肩書で呼ばれているわけではありません。「プロセスアナリスト」「要求アナリスト」「プロセスモデラー」など各社でさまざまな呼び方をしています。ですからビジネスアナリストという役割を考える際には、あまり細かいことは気にする必要はなく、さまざまな役割、所属、呼び方があるのだということをご理解いただければと思います。

ビジネスアナリストがエンジニアの技術力を引き出す

このように急速に浸透したビジネスアナリストという役割ですが、近年はさらに注目されるようになっています。その背景にはデジタルトランスフォーメーション（以降ＤＸ）の波があり、海外ではビジネスアナリストは企業のデジタル化を推進する上で必須の役割ともいわれています。ただ、ビジネスアナリストは原則としてソリューションの開発には関わりませんし、特定のデジタルソリューションの専門家というわけでもありません。では、ビジネスアナリストがＤＸで果たす役割とはどのようなものなのでしょうか。

根幹にあるのは〝ビジネスのニーズは何か〟という視点

ビジネスアナリストはビジネスの視点からデジタルソリューションの適用を判断します。「ビジネスの視点を持つ」とは、ビジネスのニーズを理解していることです。ビジネスのニーズとは経営上の問題解決であったり、何らかの機会（チャンス）に対応したりすることを指します。経営上の問題の例としては「お客様にサービスをスムーズに提供できていない」「業務が非効率でコストがかかりすぎている」「法令改正があって業務を変更しなければならない」などが思い浮かびます。また、機会への対応の例としては「規制が緩和されて新たな事業への参入が可能になった」「市場で伸びている製品分野に自社の持っている技術が適用できそうだ」といったものが思い浮かびます。

このようにビジネスに何らかの変化のニーズがあることが、すべての変革のスタートラインです。ビジネスアナリストが変革に関わる際には、まず真っ先にこの〝ビジネスのニーズは何か〟ということを明らかにします。このニーズを実現するためにデジタルソリューションを活用することが有効である時、はじめてその変革は〝DX案件〟となります。

ビジネスアナリストはこのようなビジネスのニーズを把握することと合わせて、デジタルソリューションの市場動向に対しても注意を払っています。技術進歩が速い今の時代では、取り組みがはじまってから候補のソリューションを調べていても迅速に変革を進めることができません。新しいデジタル技術が市場に出た際にはその動作原理や、活用できる局面、事例、コストやリスクなどを把握します。そしていざ社内の問題解決となれば、そのような過去の調査結果をもとに、さまざまなソリューションの中から候補を速やかに選び出すのです。

DXの失敗事例の多くは、このような考え方が決定的に欠けています。はじめからデジタルソリューションを導入することが目的化してしまい、何がビジネスのニーズなのかを十分に把握できていません。また、例えば人工知能（AI）やRPA[※10]といった

※10…RPA：Robotic Process Automationの略で、人が行うPC上の操作を自動化するツールです。

特定のソリューションを活用することがはじめから決まっており、本来比較対象となるはずの他のソリューションの検討が欠けているケースもよく見かけます。その結果、ソリューション導入を進めたい取り組みの担当者と、あくまでも業務の問題を解決したいビジネス部門の担当者との間に意識のズレが起きてしまうのです。これが企業のDXの取り組みにおいてデジタル技術の実証試験から先に進むことができなくなる、いわゆる〝PoC倒れ〟[※11]の理由の一つです。

このように効果的なDXにはビ

1-7　ビジネスアナリストはニーズからソリューションを選択する

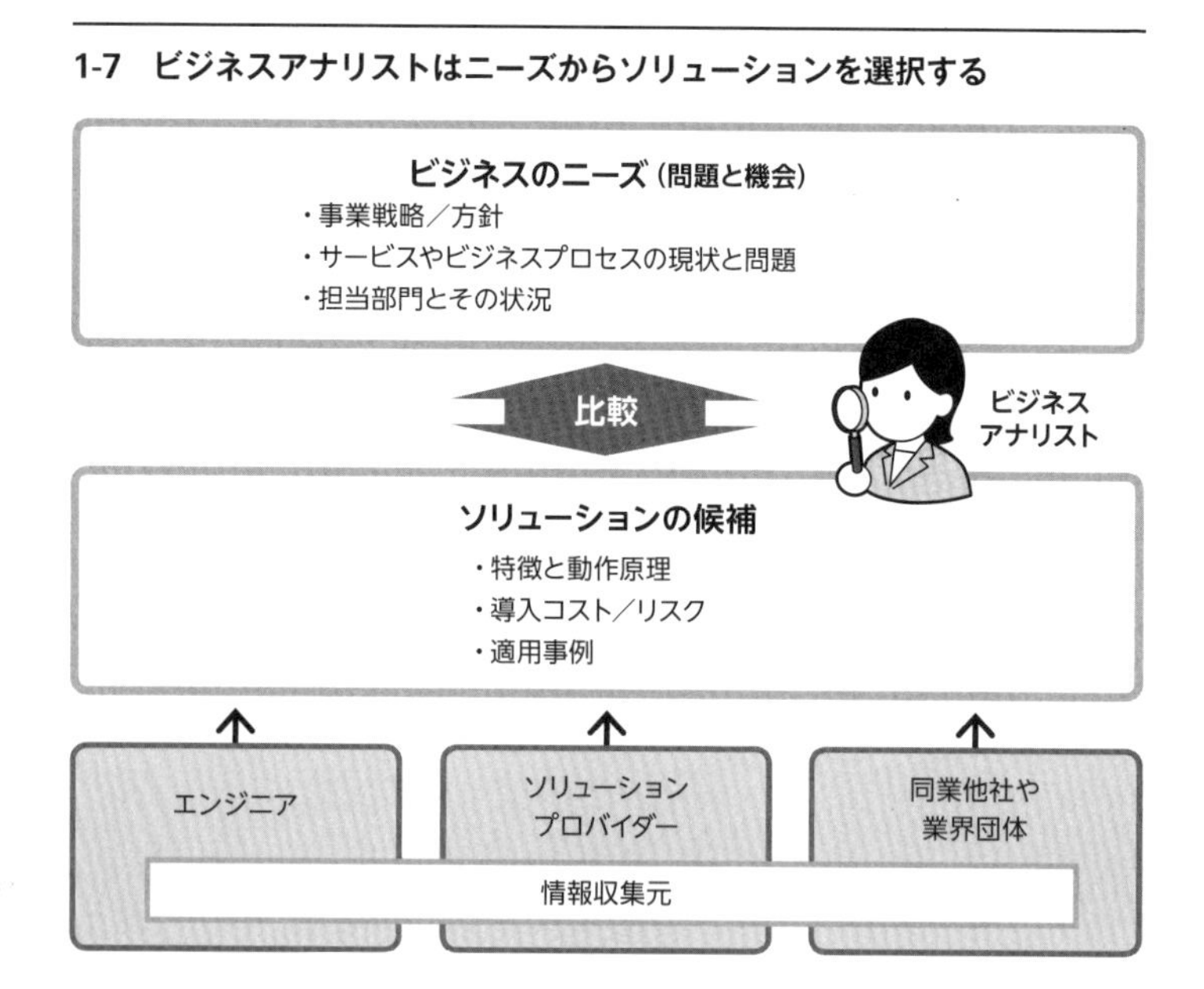

ジネス側の視点と技術に対する普段からの情報収集が欠かせません。これが、ビジネスアナリストがＤＸで果たす役割です。

適切な役割分担がエンジニアの持つ技術力を引き出す

ビジネスニーズに寄与するソリューションを選定するという役割特性から、ビジネスアナリストにとっては特定のソリューションに対して深い知識や開発能力を保持していることよりも、さまざまなソリューションに関する知識を広く持ち、ソリューションの情報収集や導入に際して相談できるコンタクト先を知っていることの方が大切です。ですから、ソリューションの専門家であるエンジニアは、ソリューションを選定する際の情報収集先としても、開発をお願いする先としても、必要不可欠なパートナーとなります。

一方でエンジニアの視点から見ても、ビジネスアナリストがいることは自身の技術力を高め、そして最大限に発揮する機会につながります。ビジネスの立場からユーザーの業務を分析したり、さまざまなユーザーの要求を調整したりすることは、ソフ

※11…PoC：Proof of Conceptの略で「概念実証」と訳されます。

トウェアの開発能力とは異なる専門性です。エンジニアがこれらに多くのエネルギーを割くことは、技術を学ぶための時間をそちらに振り向けることにもなってしまいます。今のデジタル技術の世界は次々に新しい技術が登場する上、既存の技術もどんどんアップデートされてしまいます。ですからエンジニアの方も、この広大な技術の世界で自らの核となる専門性を決め、日々進化する技術を迅速に習得していくことに大変な苦労をしていることと思います。やはりエンジニアの本分は技術力であり、変化の速い技術動向に遅れないための活動の優先順位は下げることができません。

また、デジタルソリューションの導入といっても、ソリューションだけ導入すれば簡単に効果が出るというものではありません。ソリューションを活かすための業務ルールの見直しや組織間の役割分担変更といった、さまざまな〝アナログ〟な施策も必要になります。ただでさえデジタル化を推進するエンジニアが不足しているといわれるなかで、このような活動にエンジニアの時間を割かれるのも本意ではないでしょう。

もちろんユーザーの業務や要求を分析する手法をエンジニアが学ぶことは、専門とするソリューションを効果的に導入する上で大変役に立ちますから、歓迎すべきことです。ただそれはビジネスアナリストの役割のすべてを代替することにはなりません。ですから、ビジネスアナリストとエンジニアは基本的には、それぞれ別の専門性を持ったキャリアとして育成すべきです。

　すでに述べたように私たちビジネスアナリストから見れば、技術に強いエンジニアは大変頼りになる存在です。それは別の見方をすれば、ビジネスアナリストがいることで、エンジニアの情熱をより高い技術力の習得に集中させることができ、その力を最大限に引き出すことができるのだともいえます。変化の速い時代には、特定の人がいくつも異なる専門性を習得するよりも、異なる役割の人がそれぞれの専門性を深化させ、連携した方が大きな成果を生み出すことができます。このようなビジネスアナリストとエンジニアの協力体制が、これからのＤＸを進める上でのポイントとなるでしょう。

なぜ企業はビジネスアナリストを必要とするようになったのか

　この章ではビジネスアナリストについて、その働き方や歴史を紹介してきました。しかし、ここである疑問が浮かびます。ビジネスプロセスを設計したり変革したりするという仕事は、何もこの20年の間で必要となったものではありません。このようなことは、昔から各ビジネス部門でオペレーションに従事する担当者が、日々の業務と並行して行ってきた企業が多いのではないでしょうか。それにもかかわらずなぜ今、企業はこのような専門人材を必要とするようになったのでしょう。これまでのようにオペレーション担当者が継続してこの役割を担うことはできないのでしょうか。

私たちはオペレーション担当者が日々の業務経験のみを糧にして、今後の企業のプロセス変革を行っていくことは難しいと考えています。これには近年の企業のビジネスプロセスを取り巻く環境の変化が関係しています。第二章ではビジネスアナリストの必要性をしっかり理解するために、この30年の企業の環境変化を振り返ってみたいと思います。

コラム

さまざまな変革で活躍するビジネスアナリストの姿

ここではビジネスアナリストの種類について、もう少し詳しく紹介したいと思います。本編で触れたように一言で〝ビジネスアナリスト〟といっても、その範囲はかなり広いものです。それぞれのビジネスアナリストがどのような役割かを理解していただくと、ビジネスアナリストにより具体的なイメージを持てることでしょう。

IT部門に所属するビジネスアナリスト

■ビジネスシステムアナリスト

ビジネスアナリストの所属先としてまずあげられるのはIT部門です。第一章冒頭の事例に登場したレイチェルもここに所属していました。IT部門に所属するビジネスアナリストは、「ビジネスシステムアナリスト（BSA）」や「ITビジネスアナリスト」などと呼ばれており、社内への情報システムの導入で活躍しています。システム導入プロジェクトの立ち上げに伴いプロジェクトに配属され、レイチェルのように対象部門にインタビューを行ったり、要求を分析してRFP（提案依頼書）を作成したり、エンジニアに要求の伝達を行ったりといった仕事をこなします。

ビジネスアナリストの役割はビジネス側の要求を具体化し、エンジニアが具体的なソリューションを設計・開発できるようにすることです。そのため、IT部門所属といっても、ビジネスアナリスト自身は原則的に開発を行うことはありません（ただし、開発ツールを用いてエンジニアリングも行うビジネスアナリストも最近登場しています）。

【ビジネスシステムアナリストの主な仕事】

- ビジネス部門と連携して、システムに求める機能を洗い出す
- エンジニアにビジネスの視点で求める機能と、その背景にある意図を説明する
- テストに関与し、ソリューションが要求通りにできているかを検証する
- 業務マニュアルやトレーニングを開発し、エンドユーザーに教育を行う

ビジネス部門に所属するビジネスアナリスト

■ファンクショナルビジネスアナリスト

ファンクショナルビジネスアナリストは特定の業務機能に特化したビジネスアナリストで、より短くファンクショナルアナリスト（FA）ともいわれます。例えば金融業の事務処理センターには多くのビジネスアナリストがいて、業務マニュアルの管理や業務

改善を行っています。また、航空会社の業務は法律や社内規程に従いしっかりマニュアル化される必要があります。そのため空港サービス、客室サービス、安全推進、整備など、部門ごとにビジネスアナリストが配置されていたりもします。調達業務を改善して調達コストを下げる活動なども、ビジネスアナリストがよく活躍している領域です。

彼らは特定業務の専門家として取り組みを推進します。ＩＴ部門に所属するビジネスアナリストが取り扱うソリューションがデジタル中心なのに対し、ファンクショナルビジネスアナリストが扱うソリューションは、アウトソーシングや、役割分担や業務ルールの見直しといった非デジタルなものも含めて多岐にわたります。当然、その業務領域で標準とされるソリューションは一通り知っている必要があります。例えば物流倉庫のビジネスアナリストはコンベアや自動倉庫システムのような機械設備に関する知識も必要となります。

【ファンクショナルビジネスアナリストの主な仕事】

- 特定の業務領域について深い知識と専門性を持つ
- 担当している業務領域の状況を、業務フローや管理指標（ＫＰＩ）を通じて監視する
- 担当している業務領域の問題を特定して改善策を提案し、実行する

・担当している業務領域のマニュアルや業務文書を最新に保つ

■プロダクトアナリスト

過去、ビジネスアナリストは企業の管理業務の変革を中心に活躍してきました。これは企業における情報システム活用が、そのような領域からはじまったことに起因しています。しかし、今では顧客接点（＝フロントサービス）でも多数のビジネスアナリストが活躍しています。近年、ネット通販やネット金融（銀行や保険）を筆頭にオンライン上でサービス提供を行う企業が増えており、こうしたデジタルサービスにおけるサービス管理がビジネスアナリストの活躍の場となっています。デジタルサービスに携わるビジネスアナリストは「プロダクトアナリスト」と呼ばれ、第一章冒頭の事例に登場したアナもその一人となります。彼らは、サービスのビジネスモデルと顧客の期待を理解し、ビジネス部門の担当者と共に（もしくはビジネス部門の一員として）サービスを設計・改善します。なお第一章で解説したグーグルの採用広告動画に登場するビジネスアナリストも、このプロダクトアナリストです（動画中に自らプロダクトアナリストと名乗る人が登場します）。

【プロダクトアナリストの主な仕事】

・サービスのビジネスモデルと顧客の期待を理解し、最適なカスタマージャーニー（＝サービスプロセス）を設計する
・顧客動向のデータなどを駆使してサービスの改善点を探しだし、提案する
・サービスの基盤となるシステムへの要求を整理し、エンジニアに伝える
・顧客サービス向上のために必要な社内の関係部署との調整を行う

変革専門部門に所属するビジネスアナリスト

■エンタープライズビジネスアナリスト

企業には全社横断的な変革をミッションとする部門が置かれていることがあります。これらは海外ではCoE（Center of Excellence）、日本では業務改革部門などと呼ばれますが、そうした変革専門部門で活躍するビジネスアナリストもいます。中立的な立場を活かして部門横断のプロセス変革を主管部門として推進したり、各部門の業務改善の支援をしたりと、社内コンサルタントのような立場でプロセス変革を進めます。エンタープライズビジネスアナリストは、経験を積んだビジネスシステムアナリストやファンクショナルビジネスアナリストのステップアップ先でもあり、社内のビジネスアナリスト

のリーダー的なポジションでもあります。

【エンタープライズビジネスアナリストの主な仕事】

- 経営戦略に基づいた大規模なプロセス変革プロジェクトを立案する
- 部門横断、ないし全社プロセス変革プロジェクトを主管する
- 各ビジネス部門の業務改善の支援・アドバイスを行う
- 自社のビジネスアナリストの育成や制度設計に携わる

■ビジネスアーキテクト

他のビジネスアナリストが特定の変革活動（＝プロジェクト）で活躍することが多いのに対して、ビジネスアーキテクトはビジネスプロセスの構造管理を担います。構造管理とは社内にどのようなプロセスがあり、どの部門がオーナーなのかといったことを企業統治の基盤として管理することです。これにより新たな戦略に従ってビジネスプロセスの変更が必要になった際に、影響を受けるプロセスと関係部門を速やかに特定し、各プロジェクトの計画を策定します。ビジネスアーキテクト自身がプロジェクトに直接関与することは少なく、立ち上がったプロジェクトの運営はプロジェクトマネージャやビ

ジネスアナリストに引き継ぎます。このように特定のプロジェクトの推進ではなく、経営者の傍らで変革プロジェクトを企画し、体制を立ち上げる役割がビジネスアーキテクトです。ビジネスアーキテクトはビジネスアナリストのなかでも特殊な役割で、そもそもビジネスアナリストの仲間とするかについても若干議論がありますが、これについては第六章のコラムで取り上げます。

【ビジネスアーキテクトの主な仕事】

・組織のビジネスプロセスの構造管理を行う
・ビジネスプロセスの状況を、管理指標（KPI）などを通じて監視し経営者に報告する
・経営戦略に従い、必要なプロセス変革プロジェクトの組成を行う
・各プロジェクトの進捗状況を監視し、戦略変更との整合をとる

その他のビジネスアナリスト

■ビジネスインテリジェンスアナリスト

データ分析に強みを持つビジネスアナリストが「ビジネスインテリジェンスアナリスト（BIA）」です。この名称はもともと経営管理を中心としたBI（ビジネスインテリジェ

ンス）の領域でビジネスアナリストが活躍していたためですが、データ分析の重要性が高まるにつれて、その活躍領域は広がっています。その一方で、データ分析のスキルが必要とされることは他のビジネスアナリストも同様です。特に調達やマーケティングといった数値分析が必須の業務領域を担うファンクショナルビジネスアナリストや、ウェブサイトのデータ分析を担うプロダクトアナリストにはその傾向が強く、これらのビジネスアナリストとビジネスインテリジェンスアナリストの境目は曖昧になりつつあります。なお、データ分析とビジネスアナリストの関係については第五章でも解説します。

【ビジネスインテリジェンスアナリストの主な仕事】

・問題仮説に基づいてデータの収集（抽出）や分析のための加工を行う
・データを分析し、問題の明確化と改善策の提案を行う
・改善策に基づいてビジネスプロセスの改善を進める

■ハイブリッドビジネスアナリスト

この本では「ビジネスアナリストは原則としてソリューションの開発には従事しない」としています。ただ、最近ではソリューションの開発にも携わるビジネスアナリス

トが登場しています。背景にあるのはデジタルソリューションが進歩し、その導入がより容易になったことです。簡単な設定だけで速やかに活用できるソリューションが増えたり、ＢＰＭＳやＲＰＡ[※12]のように複雑なコーディングをしなくてもプロセスを自動化できるツールが普及したりしたことで、ビジネスアナリストがプロセス分析からソリューションの導入までを一気通貫で行えるようになりました。このような分析から導入までを一人で担当するビジネスアナリストを、エンジニアとの一人二役という意味で「ハイブリッドビジネスアナリスト」と呼びます。

ソリューションがすでに決まっている取り組みであれば、一人ですべての工程をこなすことができるので、スピーディーかつ低コストで取り組みを進めることができます。ただ特定のソリューションに専門性が限られるため、活躍の範囲は他のビジネスアナリストよりも狭くなります。

※12…ＢＰＭＳはBusiness Process Management Suiteの略で、複雑なコーディングを行うことなくプロセスを自動化および管理するツールです。一方、ＲＰＡはRobotic Process Automationの略で、人がＰＣ上で行う操作を自動化するツールです。

【ハイブリッドビジネスアナリストの主な仕事】

- 特定のソリューションと活用対象の業務についての深い知見を持つ
- 特定のソリューション導入の前提となるビジネスプロセスの分析を行う
- 特定のソリューションについて独力で導入まで行う
- 特定のソリューションのユーザーへの教育を行う

第二章

現場任せでは生き残れない

業務は経験で習得するものから、分析して理解するものへビジネスアナリストの歴史は約20年です。一方で、ビジネスアナリストが担うプロセス設計や変革といった仕事は、そのはるか以前から存在しています。組織が存在する以上、そこには必ず業務があり、誰かがその業務を設計し、変革してきたのです。それにもかかわらず、なぜ近年になって企業はこのようなビジネスプロセスマネジメントの専門職を必要とするようになったのでしょうか。また海外ではビジネスアナリストが浸透していく一方で、日本ではそれほど知られていないのはなぜでしょうか。

見えなくなった企業のビジネスプロセス

これまで日本企業は管理職だけでなく、現場担当者も巻き込んだ部門一体のプロセス改善活動で高い生産性を実現してきた、というイメージをお持ちの方も多いでしょう。しかしながら、今はこのような現場担当者の主導でプロセスをマネジメントすることが難しくなっています。これには近年、企業のビジネスプロセスに起きたさまざまな変化が関係しています。

かつての常識が通用しなくなった企業のビジネスプロセス

ビジネスアナリストが企業に浸透したのはこの20年ですが、ここではさらに10年ほどさかのぼった30年の間の変化を振り返ります。なぜならプロセスの自動化（＝システム化）やアウトソーシングの活用といったビジネスプロセスマネジメントに大きな影響を及ぼす手法が導入されはじめたのが１９９０年前後からだからです。ビジネスアナリストはこのような変化を受ける形で、少し遅れて２０００年前後から認知されるようになりました。なおここで振り返るのは日本だけでなく、世界で起きた出来事です。

この間のビジネスプロセスの姿の変化を一言で表現するならば〝見えなくなった〟ということです。現場でオペレーションに従事していても、自分たちの仕事がどのようなプロセスやルールで行われ、誰にどのような価値を提供しているのかを知ることができないのです。しかし日々、業務に直接従事しているはずの現場担当者たちになぜ、そのようなことが起きるのでしょうか。その原因となった変化を私たちは次の五つにまとめてみました。

・プロセスの実行主体に人と機械が混在するようになった
・プロセスが企業の垣根を越えて広がった

・顧客接点がマルチチャネル化した
・プロセスマネジメントに必要な専門性が広く深くなった
・〝End To End〟のビジネスプロセス変革となった

それではこのような変化がどういうことなのか、一つ一つ見ていきましょう。

■プロセスの実行主体に人と機械が混在するようになった

この30年の変化でまず注目したいことはビジネスプロセスの機械化です。かつてはビジネスプロセスの実行主体は主に人でしたが、企業のあらゆる現場で人と機械が混在するようになりました。〝機械〟には工場設備やロボットはもちろん、デジタル技術全般が含まれます。この結果、起きた現象が業務の「ブラックボックス化」です。ボタンを押せば必要な情報の収集や計算を行った上で、システムから帳票が出てくるのであれば、オペレーション担当者はその仕組みを完全に理解する必要はありません。帳票のインプットとなる情報はどこから収集され、どのような計算や処理を経て表示されているのかといったことを、経験からは知ることもできなければ、その必然性もないのです。

その結果、「自分が担当している業務を説明できない」という事態が生じます。現在のビジネスプロセスは人が行っている業務だけを可視化しても意味がありません。工程が完全に自動化されたプロセスや、複雑なルールがシステム内に埋め込まれたプロセスがたくさんあり、これらを読み解かないと業務の本当の姿は理解できないのです。

もちろん、プロセスを変革していく際にはデジタルソリューションに対して適切な要求を提示する能力が必要になります。自動化されたプロセスを読み解く能力も、デジタルソリューションを活用する能力も経験則で身につくものではなく、専門の教育と訓練が必要となります。このようにプロセス実行の主体が「もっぱら人」から「人も機械（デジタル）も」となったことがビジネスプロセスマネジメントに起きた一つ目の変化です。

■プロセスが企業の垣根を越えて広がった

プロセスの機械化は別のブラックボックスも生み出しました。この30年の間にパートナーシップやアウトソーシングといった企業間連携の動きが広がっています。このようなことが可能になった背景には、通信技術や情報システムが発達し、距離を越えて迅速に情報を集約・共有できるようになったことがあります。その意味では、これもデジタル化がもたらした変化といえるでしょう。このような異なる組織が連携して、一つの仲間として市場に価値を提供する仕組みを、「エコシステム」といいます。

企業間連携が進んだ結果、ビジネスプロセスは社外にも広がり、自社の従業員が担当しているプロセスだけを理解しても不十分となりました。私たちは過去に何度かアウトソーシングのトラブルシューティングに関わっています。例えばある現場ではコンタクトセンターでお客様からのクレームが頻発しているが、アウトソーシングしているためセンターで何が起きているのか分からないといったことが起きていました。自社で業務を実行していない以上、ここでも経験則で業務を理解することはできません。トラブルを防ぐためにはアウトソーシング先の業務の状況を理解し、品質を管理するための専門性が必要となります。このような「アウトソーシングやパートナーシップの広がり」が二つ目の変化です。

■顧客接点がマルチチャネル化した

デジタル技術は企業の顧客接点の在り方も変えました。〝接客〟といえば昔は人が行うものでしたが、現在は対消費者（B to C）でも対企業（B to B）でもデジタル接点が増えました。買い物は店舗よりもネットという人が増え、企業間の受発注は電子取引に移行しています。ビジネスプロセスは最終的にお客様に満足いただける製品やサービスを届けるための仕組みですから、プロセスを最適化する際に、お客様からのフィードバックはとても大切になります。しかし、この接点がデジタル化されると、これまでのように直にお客様に接してフィードバックをいただいたり、相手の反応を観察して示唆を得たりすることができなくなりました。ある意味でお客様もブラックボックス化したのです。

さらに顧客接点のマルチチャネル化が、ビジネスプロセス全体のマネジメントを難しくしました。デジタル接点（オンライン）が増えたとはいえ、これまでのような店舗での接客や対面営業といった対人の接点（オフライン）がなくなったわけではありません。結果、多くの企業の顧客接点はオンラインとオフラインが混在するマルチチャネル（オムニチャネル）となりました。ただ、どれだけ顧客接点の種類が増えてもお客様から見れば一つの会社です。企業はオンラインとオフラインを越えて情報を共有し、〝一つの顔〟としてお客様に接しなくてはいけません。コンタクトセンターに入った苦情は店舗にも伝わっていなければなりませんし、店舗に欲しい商品がない場合はネット通販の機能を通じて倉庫から直接、商品をお客様の自宅に届けるといった連携が期待されます。

この結果、顧客接点は個別の接点の都合だけではなく接点全体、つまりカスタマージャーニーを意識した設計が必要となりました。ところが企業としてお客様に接する各チャネルは往々にして異なる部門や店舗で、これらが相互の情報を共有して適切に連携することは簡単ではありません。このように顧客接点が「オンラインとオフラインのマルチチャネル化」したことが三つ目の変化です。

■プロセスマネジメントに必要な専門性が広く深くなった

ビジネスプロセスに起きた変化はまだあります。一つのビジネスプロセスを設計・変革する際に必要となる専門性が広く、そして深くなっています。デジタル技術一つとってみてもアプリケーション開発だけでなく、データ分析、UI／CIデザイン[※1]、情報セキュリティなど、多くの専門家をチームとして組成する必要が生じています。

デジタル以外の領域に目を向けても、社会環境の変化のなかでビジネスに次々と新しい観点が必要となっています。私たちが、あるグローバル企業の営業部門の変革活動に従事した際に、輸出管理に関する専門性が必要となりました。日本国外に製品を輸出する際にはそれが軍事やテロに利用されないかチェックする必要があり、製品の特性、輸出先の国や組織の属性などによって輸出可否を判断する複雑なルールがあります。この際にある営業部門の方から「私は未だにこのルールをよく理解できていません」と言われました。企業活動を支える上で理解すべき観点は増えるばかりで、もはや担当者がその業務に必要なルールのすべてを把握することは不可能になりつつあります。

このような社会的な要請に基づくルールは頻繁に変わり、多くの場合、複雑化します。近年の企業統治上の観点をあげると、環境関連の規制、輸出管理にはじまり、内部統制やコンプライアンス、BCP（事業継続計画）、個人情報保護、テロ対策などの企業リスク管理、さらに労働関連の規制や常識の変化、CSR（企業の社会的責任）と、さまざまなことが浮かびます。このなかには、この30年の間に普及した考え方も少なくありません。これらに対応するために、企業にはさまざまな専門部門（例：情報セキュリティ室）が増えました。自部門のプロセスを変えたいとなればこのような各領域の専門部門と連携しなければ必要な観点を満たすことができません。このような「専門性の広がりと深化」が四つ目の変化です。

※1…ここではUIは「User Interface」、CIは「Customer Interface」の略です。

■〝End To End〟のビジネスプロセス変革となった

ここまで見てきたようなビジネスプロセスの変化の一方で、過去から変わらない問題もあります。プロセス変革では各部門の利害が合わなかったり、お互いの理解不足で一向に議論が進まなかったりといった組織に起因する、いわゆる〝サイロ〟の問題が必ず立ちはだかります。私たちの経験上、プロセス変革における壁はデジタルソリューションの理解不足といった技術的な問題よりも、このような組織や人の意識に起因する〝アナログ〟な問題が多数を占めます。

このような問題は昔からあり、別に近年特有のものではありません。ただその影響の深刻さは以前よりも増しています。というのも、かつての業務改善はその言葉からも想起できるように、部門内に閉じる活動が主体でした。各部門が自分たちの受け持ち領域を高度化させれば自然とプロセス全体の能力も向上していたため、部門の外との連携は限定的だったのです。

ところが、現在のプロセス変革はこのような部門に閉じた活動ではその効果は限られてしまいます。調達、生産、物流、販売を貫くサプライチェーンや、技術開発やマーケティング、生産が連携して製品を開発するエンジニアリングチェーンなど、部門を横貫いたプロセス全体を変革することが求められるのです。このような多くの部門を横断するビジネスプロセス全体を表現する言葉が〝End To End〟です。End To Endの変革では以前よりもはるかに広い範囲の人と組織が連携しなくてはいけません。このようなプロセス全体を最適化する思想が広まったのもこの30年です。[※2]

このような組織や人に属する問題はデジタル技術だけでは解消できません。関係者がコミュニケーションを密にとり、プロセスの最終目標と全体像に合意していく他ないのです。ところが、今は変革にゆっくり時間をかけることができる時代ではありません。コミュニケーションのハブとなっている部門管理職もプレイングマネージャが増え、[※3]目の前の仕事に追われています。現場は変革に必要なコミュニケーションの難易度が高くなるにもかかわらず、時間はかけることができないという、相反した状態に追い込まれているのです。このように「〝End To End〟のビジネスプロセス変革となった」ことが五つ目の変化です。

※2…〝End To End〟のプロセス全体を最適化するＢＰＲ（Business Process Re-engineering）という考え方がマイケル・ハマー氏とジェームズ・チャンピー氏から発表されたのは１９９３年です。

※3…リクルートマネジメントソリューションズ社「ミドル・マネジャーの置かれる環境と仕事の実態」より。２０１４年に行われたこの調査では73・３％の管理職がなんらかのプレーヤーとしての業務も行っていると回答しています。

ビジネスプロセスマネジメントには専門家が必要な時代へ

さて、ここまでお話しした1990年前後から、企業のビジネスプロセスに起きた変化をまとめると図2－1のようになります。

この章の冒頭で〝この30年でビジネスプロセスが見えなくなった〟といったことの意味がお分かりいただけたでしょうか。機械化やアウトソーシング、ネットの向こうのお客様など文字通り目に見えなくなっただけでなく、専門性が複雑になり必要な観点を把握しきれなくなっ

2-1　30年間のビジネスプロセスの変化

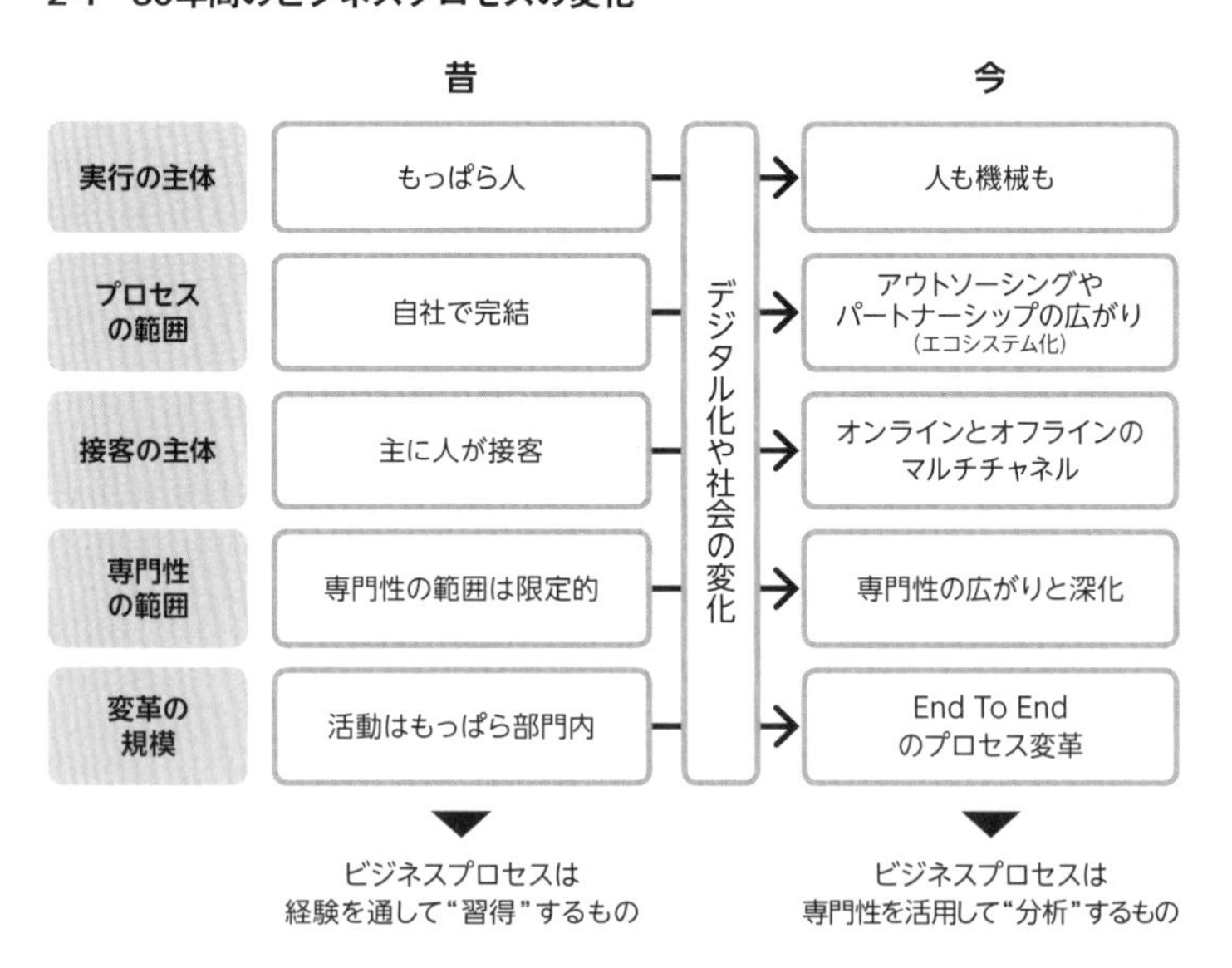

たことも、ある種の〝見えなさ〟といえるかと思います。そして、昔も今も隣の部門のことはよく見えず、どうしても自部門の利害と視野にとらわれた会話をしてしまいます。

しかし、ここで少し立ち止まって考えてみましょう。この〝見えなさ〟はオペレーション担当者の目線からすると見えない（よく分からない）のであって、見方を変えればそうともいえません。例えば情報システムにはしっかりビジネスプロセスの論理は埋め込まれており、設計思想や仕様書、そしてシステムそのものの振る舞いを読み解けばその意図を理解することは（簡単ではないにしても）可能です。デジタル技術はアルゴリズムの塊で、しっかりした設計と論理なしでは動きません。それに比べればベテラン職員の長年の勘の見える化の方がよっぽどやっかいです。「やっていればそのうち分かるよ」と言われてもさっぱり説明になっていません。

マルチチャネルを飛び交うお客様の動きも、しっかりデータを解析すれば、個々の接客担当者の主観的な仮説よりも、むしろ大局的にお客様の動きを掴むことができます。アウトソーシング先やパートナーシップ先を横断するプロセスも関係する会社を調査し、情報を連結して分析すれば全体像を掴むことができます。サイロの問題も同じで、その部門の視点からでは周囲が見えないものも、部門を越えて広く情報を集めた上で結合すればビジネスプロセス全体の姿が見えてきます。

こう考えるとビジネスプロセスは見えなくなったというよりは、プロセスを変革するために必要な情報と、それを読み解くためのスキルが変わったのです。以前のビジネスプロセスはオペレーション経験を通して習得し、周囲の人とのコミュニケーションを通して自然と理解するものでした。今でもこのようなことがまったくなくなったわけではありません。しかし、それ以上にビジネスプロセスマネジメントやデジタル技術に対する専門性を活かして情報を能動的に収集し、分析することによって理解するものに変わったのです。そのような専門性なしに部門を横断してまたがる〝End To End〟のプロセスを最適化することはできません。

もちろん今でもオペレーション担当者が、体験を通して感じた仮説をもとに業務を改善することは大切な活動です。しかし、このような取り組みを進めるにしても、デジタル技術に関するノウハウが必要となれば、現場の担当者だけでは改善に必要な能力を満たすことができません。ですから専門家が足りないスキルを補完する必要があります。

このように〝End To End〟の大きな変革を進める上でも、現場の改善活動を効果的に支援していくためにも、企業にはビジネスプロセスの専門家が必要になっています。

ここまで説明した30年間のビジネスプロセスの変化は多かれ少なかれ世界中の企業が直面したことです。このような変化の中でビジネスアナリストは生まれ、さまざまな関連する役割を取り込みながら、急速に普及してきたのです。

外部への依存が日本企業の競争力を低下させた

ここまでビジネスプロセスの変化を背景に、世界にビジネスアナリストが浸透していった背景を解説してきました。しかし、なぜ同じような変化に直面していたはずの日本でビジネスアナリストが認知されなかったのか、疑問が残ります。この謎を解くことが、実は日本におけるビジネスアナリストの必要性を理解することにつながりますので、次はこの点について考えてみましょう。

不況下で〝ベンダー依存〟が起きた日本のＩＴ

１９９０年代以降、企業のプロセス変革は常にＩＴ導入とセットで語られてきました（時代背景に合わせてここでは〝デジタル〟ではなく〝ＩＴ〟という言葉で話を進めます）。ビジネスアナリストが情報システム導入の失敗の反省から生まれた役割であることは、すでに紹介した通りです。ということは、日本におけるビジネスアナリスト不在の謎を解くためには日本企業のＩＴ活用の歴史を振り返ることにヒントがありそうです。

90年代以降、日本のＩＴは他の国とは違う普及の仕方をしました。例えば米国の企業は自社人材を中心にＩＴの活用を推進しています。米国には２０１５年時点で４２０万人以上ともいわれるＩＴ人材がいますが、そのうち7割弱（65・４％）の人材はＩＴを専門サービスとする会社（ＩＴベンダー）ではなく金融業や製造業などの一般企業、いわゆるユーザー企業側に所属しているとされています。その一方で、１００万人以上といわれる日本のＩＴ人材の傾向はこの正反対で、７割程度（72％）がＩＴベンダーに所属しています。[※4]

近年は自社人材でＩＴの開発を進める活動（いわゆる内製化）も徐々に増えていますが、それでも多くの日本企業は未だＩＴ導入の企画から要求の明確化、そして開発、運用とＩＴのライフサイクル全般を外部の人材に頼る傾向にあります。ビジネスアナリストはもともとＩＴを活用するビジネス側が、適切な要求をエンジニアに伝達するための役割からはじまっています。ですからそのような要求分析の作業も含めてベンダーにお願いしていた日本企業には、ビジネスアナリストを育てる必然性がなかったのです。

なぜこのようなことになったかを考えると、おそらくＩＴ活用の波が押し寄せた90年代の経済事情が関係していると思われます。当時、好景気だった米国は積極的なＩＴ投資が進み、それによって既存産業では生産性が上がり、またシリコンバレーを中心に新たなＩＴ産業も興りました。このような中でＩＴの活用方法論の研究も進み、ビジネスアナリストのような専門職も生まれたわけです。一方で日本は90年代以降〝失われた20年〟ともいわれる長い不況に陥りました。この間、日本企業はとてもＩＴ人材の採用や育成に力を注げるような環境ではありませんでしたが、そのような中でもＩＴ化の波に乗り遅れないために活用したのがＩＴベンダーへのアウトソーシングだったのだと考えられます。

日本企業の外部ベンダーの活用が常態化するにつれて開発作業の主体は外部に移り、ＩＴ部門はベンダーとの調整を行ったり、予算を管理したりする事務窓口のような役

※4…独立行政法人情報処理推進機構（ＩＰＡ）「ＩＴ人材白書２０１７」より

割が増えていきました。必然的にIT部門に配属される人は減り、開発能力やプロジェクトを推進する能力を磨く機会も少なくなり、外部依存の傾向は一層強まることになります。この章の冒頭で〝システムによるブラックボックス化〟の話をしましたが、その背景には単純にシステム内部を覗くことがオペレーション担当者には難しいというだけでなく、システムの構築を外部に任せたために、IT部門でもシステム内部の仕様を知っている人が減ったという事情もあります。

デジタル導入の役割分担に解を持っていない日本企業

このように日本では過去、ビジネスプロセスのIT化をその企画から開発、そして運用までITベンダーに任せる体制をとってきました。そして〝任せておけば安心〟と思ったのか、自分たちが使うシステムにもかかわらず、その開発に対するオーナーシップは徐々に失われていきました。2013年にJUAS（日本情報システム・ユーザー協会）が行った調査ではソフトウェア開発の上流工程にビジネス部門が積極的に参加すると答えた企業はわずか一割強です。[※5] ビジネス部門がこの工程に主体的に参加するほど、開発の成功率が高くなることは調査でも裏付けられているのですが、にもかかわらずビジネス部門が主体的に参加するプロジェクトは多数派にはなりませんでした。

ＩＴの黎明期においてはビジネスの複雑さもそれほどではなく、システムに求められる機能もそこまで高度ではなかったため、外部のエンジニアでもまだなんとかなりました。また当時はビジネス部門にも業務に熟達したベテラン社員が大勢いたので、複雑な業務ルールなども説明できたのですが、そのような現場力が失われていったのはこの章の前半で説明した通りです。そしてＩＴ導入がどんどん進み、ビジネスプロセスの複雑さが増していくにつれて、外部のエンジニアがその要求のすべてを自力で明確にすることに限界が生じていきました。

ビジネスのためのツールにもかかわらず、ビジネス側に主体性がないソフトウェア開発が上手くいくわけがありません。２０００年代に入るとユーザーの要求に沿わないソフトウェアができあがる、要求が明確にならないためにプロジェクトが迷走したりコストが大幅に超過したりするといったトラブルが続出しました。ソフトウェア開発の現場は悲惨さばかりが強調される現場となり、特に企業の業務用システムの構築

※5…２０１３年にＪＵＡＳが行った調査（企業ＩＴ動向調査２０１４）では要件定義に主体的に参加するビジネス部門の割合は12・5％である一方で、主体性のないビジネス部門は63・2％であり、圧倒的にビジネス部門の主体性が低いことが分かります。しかしビジネス部門に主体性のない会社でのシステム開発（１００～５００人月）の工期遅延割合は40％を超える一方で、ビジネス部門に主体性のある会社での割合は15％程ですから、ビジネス部門の参画割合がプロジェクトの成功に相関があることも分かります。

を担うエンタープライズＩＴの現場は〝ブラック職場〟の典型例とされてしまいました。これは米国でＩＴ関連の職種が花形で、常に職業ランキングで上位を占めるのと対照的な姿です。[※6]

ＩＴ関連の訴訟も多発する中で、これではまずいと思った国や業界団体は、裁判例も踏まえてＩＴ導入におけるあるべき体制や方法論の研究に力を入れます。その結果、ソフトウェア開発の契約においては「情報システムのユーザーとなる企業は内部の意見調整を的確に行い、どのような機能を要望するかを明確にベンダーに伝え、構築作業全般においてベンダーからの協力依頼に適切に対応する義務を負う」という〝協力義務〟が確立されました。[※7] これはベンダーを活用しない内製開発においても同様です。デジタル導入においては要求を明確にして提示するユーザー側（ビジネス側、ないし発注企業側）と、要求に従って適切にプロジェクトを遂行しソリューションを構築するエンジニアリング側（エンジニア、ないし受注したＩＴベンダー）という役割分担が標準モデルとなったのです。

しかしこのような体制が標準モデルだといわれても、外部のエンジニアが行ってくれると思っていた要求の明確化を突然〝君たちの仕事〟と言われたビジネス側はどうすれば良いのでしょうか。日本企業はこれまでビジネス部門を支援できるデジタル時代に合わせたプロセスマネジメントの専門家を育ててこなかったのです。残念ながら多くの日本企業は未だこれに対する明確な答えを持っていないように見えます。

未だに残る〝強い現場〟の神話

近年では多くの企業に〝要求を出すビジネス側〟と〝要求に従って開発を進めるエンジニアリング側〟という役割分担がかなり浸透していると感じます。それならシステムを要望しているビジネス部門の担当者に対して、体系的なプロセスマネジメントやプロジェクトマネジメントの訓練をしなければならないのですが、そのようなことがなされていることはまずありません。昨日までオペレーションに従事していたIT初心者がいきなり「明日から君、新システム開発プロジェクトの担当ね」と言われて、何の訓練もなくプロジェクトに配属されたりするのです。なかにはこれまでソフトウェア開発をまったく経験していなかったビジネス部門の管理職が、そのプロジェクトのプロジェクトマネージャとして任命されることすらありました。

※6…第一章で紹介したCNN Best Jobs in Americaを参照してください。
※7…ベンダーとの契約関係におけるモデルなので〝協力義務〟とされていますが、要求を明確にすること自体は、ソフトウェア開発の基幹の作業です。

なぜこのような無茶な期待がまかり通るのか不思議なのですが、私たちはその要因として、未だ日本の経営者の一部には、管理職と担当者が一体となって業務を改善してきた〝強い現場〟の神話が残っているように思えます。[※8]「仕事は現場で業務を経験している者が最も理解している」という認識のもとで「業務の改善は現場が行うべき」という思想を持っていると、プロセス変革に専門性を認めて教育を行ったり、外部の専門家の助けを借りたりという発想は持たないでしょう。そのため、先ほど紹介したような根性論がまかり通ってしまうように見えます。

現実には根性論でプロジェクトが上手くいくわけがなく、あちこちのプロセス変革の現場で、配属された担当者の悲鳴が上がっています。プロジェクトをはじめてみて現場経験だけではプロジェクトで求められるスキルを満たせないことが分かるのです。そこに呼ばれるのが私たち外部のビジネスアナリストです。この呼称が認知されていない日本では〝コンサルタント〟という肩書で現場に入ります。第一章のビジネスアナリストの姿を読んで「コンサルタントの仕事ではないのか」と感じた方もいるかと思います。こうした感想を抱くのは、エンジニア側に要求管理の役割を期待できなくなりつつある中で、ビジネスアナリストという役割も育ててこなかった日本企業にとっては、即戦力として活用できる専門人材がコンサルタントしかいなかったためでしょう。高いコストがかかるコンサルタントを常に活用できる企業は一部に限られます。こうして、要求を明確にするというデジタル化プロジェクトの成否を決める重要な領域が、広大な空白地帯となってしまいました。その空白は今もまだ埋まっていないように見えます。

日本のデジタル化は〝周回遅れ〟に

このようなことが積みあがった結果、現在の日本のデジタル化は欧米企業と比べて〝周回遅れ〟ともいわれる状態です。2018年にJUASと野村総合研究所が行った調査（図2-2）では実に8割の企業が、日本は欧米企業に対してデジタル化の進展で遅れていると回答しています（なお「日本の方が進んでいる」と答えたのはなんと0%です）。

※8…なお、世界的に見るとこのような現場がオペレーションと変革を一体に行う文化を持っている地域はむしろ少数派で「業務設計や管理を行う専門職」と「言われた通りに仕事をする作業者」という役割分担が主流の地域の方が多いようです。大手自動車会社のスズキはインドに進出した際に、従業員は指示された仕事をその通りに遂行することが義務だと考えるインドの文化に対して、日本流の現場から経営までが一体となって業務を改善する文化を導入することに大変な苦労をしたとのことでした（『スズキのインド戦略』R・C・バルガバ：中経出版より）。逆にいえば、このような業務設計者が実行者とは異なる役割として存在することが自然な文化であれば、ビジネスアナリストが新しい役割として登場しても、受け入れられやすいことは想像に難くありません。私たちは、これも日本でビジネスアナリストの認知が遅れた一つの要因だと考えています。

このような状態になっているのは実はエンジニア人材が不足しているだけではなく、ビジネス側でデジタル導入を推進する人材、つまりビジネスアナリストがいないことも大きな要因です。例えば情報処理推進機構（IPA）が行ったIoT（組み込み）分野でのソフトウェア動向に関する調査※9では、これから一番不足する人材として、エンジニアリング系の人材をおさえて「ビジネスをデザインできる人材」が一位となっています。第一章で紹介したように米国労働統計局が2020年までに87万6000人ものビジネスアナリストが必要と提言しているのも、このデジタル化の推進のためです。

このようなこともあってか、世界における日本の競争力は低下する一方です。〝強い現場〟の象徴で、世界でもトップクラスの生産性を誇っていた製造業ですら、2000年以降その順位を急速に落として

2-2　日本企業のデジタル化の進展状況

「デジタル化の進展に向けて、日本企業の取り組みの状況について、どのようにお考えですか。」という設問に対する回答(N=165)

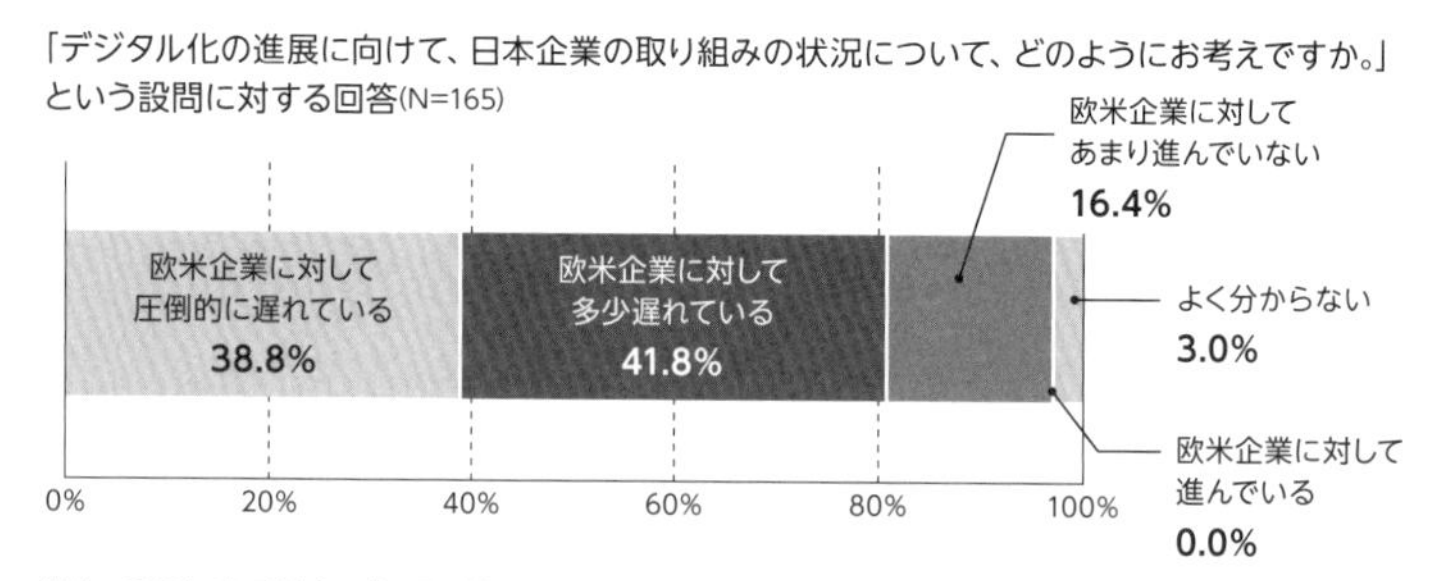

出典：2018年度 デジタル化の取り組みに関する調査（JUAS／野村総合研究所）

います（2000年にはOECD加盟国中一位でしたが2018年には15位）。国家間の国際競争力比較でよく引き合いに出されるものに「IMD世界競争力年鑑」という調査があります。この調査によると1992年までは一位だった日本の国際競争力は2018年には25位となっており、個別のカテゴリで見ると「ビジネスの効率性」が36位と、凋落が激しくなっています。このような日本の競争力低下を示すデータはあげるときりがありません。もちろんこれらのデータは、ビジネスの多くの要因を複合的に分析した結果ですから、ビジネスプロセスマネジメントの不足やデジタル化の遅れだけがすべての要因とは言えないでしょうが、少なくとも70～80年代の日本の成功モデルが機能していないことは事実です。

ビジネスプロセスマネジメントを専門性として認めよう

ここまで世界と日本におけるこの30年のビジネスプロセスマネジメントの現場の変化を振り返ってきました。ここまで見てきたようなことを考えると、日本企業は今か

※9…独立行政法人情報処理推進機構（IPA）「2017年度組込みソフトウェア産業の動向把握等に関する調査結果」より

らでもビジネスアナリストを育てるべきです。専門人材の支援なしでプロセス変革を進めることは、この先はより厳しくなります。現場の経験則だけに頼ったプロセスマネジメントはもう限界だということを認めなくてはなりません。

このようなことに気づいた企業はすでに人材を育てる取り組みをはじめていいます。この本では良品計画やパーソルキャリア、MonotaROといった企業のビジネスアナリストを紹介しています。この他にもファーストリテイリング（ユニクロ）、ZOZO、三菱UFJ銀行、日産自動車、DeNAといった皆さんもご存じの多くの企業でビジネスアナリストが活躍しています（各企業での役割名称は必ずしもビジネスアナリストではありません）。

ビジネスアナリストを育てることは、企業がビジネスプロセスマネジメントは経験だけで自然に会得できるものではなく、教育や訓練によって獲得する一つの専門性だと理解する必要があります。そして、専門性獲得のための幅広い教育と人材を支える仕組みを整えるための投資を認めていかなくてはいけません。人材を支える仕組みとは、例えば社内の変革事例を蓄積するデータベースを構築したり、業務理解を進めるためにプロセスを可視化して整備したりする取り組みを指します。

そう考えるとビジネスアナリストは専任の役割として必要かどうかということはあ

まり本質ではありません。オペレーション担当の方が専門性をしっかり習得し、兼務のビジネスアナリストとなることでもかまわないのです。ただし、ある人材が専門性をしっかり身に付けようとするとオペレーションの「ついで」といった感覚では難しいでしょう。ビジネスアナリストとして活躍するためには一定の経験（場数）も必要となりますから、専任ではないとしても、一定の稼働割合を変革活動にしっかり割く覚悟が必要です。結局、専任であってもオペレーション兼務であっても、一つの役割として認めて投資することからは逃れられません。

このようなことを提言すると、ビジネスアナリストの存在が現場から変革のオーナーシップを取り上げてしまい、現場のモチベーションが下がったり、現場のプロセス変革能力の低下が起きてしまったりするのではないかと危惧する方もいます。しかし、このような懸念は杞憂ではないかと思います。

ビジネスアナリストを置くことは決して、オペレーション担当者をプロセス変革の役割から完全に外してしまうことを意味しません。日本のように設計・改善と実行を同一の担当者が行うことをできたのは日本企業の社員が意識・スキル共に高いことの証明だったともいえます。そのような人材から何も役割をすべて取り上げてしまう必要はありません。むしろ経験豊かなプロセス変革専門人材が社内にいて、オペレーション担当者にアドバイスすることで、現場の気づきを活かして、効果的なプロセス変革を進める体制を作ることができます。

私たちが普段オペレーション担当者の方と話していると、経営者や上級管理職よりも、むしろ現場の方がプロセス変革の専門人材の支援を望んでいます。多くの現場ではすでに自分たちの経験だけでは、求められる活動を担う専門性が不足していることに気づいています。それでも現場は日々、生産性向上やリードタイムの削減などさまざまな変革のプレッシャーにさらされています。私たちは、現場の担当者が「専門家の支援が欲しい」と訴えているにもかかわらず、経営者や部門の上級管理職から「自分たちの担当業務なのだから自分たちで何とかなるはずだ」と言われてしまい、投資が認められない場面に何度も直面しています。現場の「より良くしたい」という意志に報いるためにも、経営者の方には是非、このような専門性の確立に投資を認めていただきたいと思います。

さて、この章ではこの30年の歴史を振り返りながら、ビジネスプロセスマネジメントを一つの専門性として認知することの大切さを説いてきました。ではビジネスアナリストが持つ専門性とは何なのでしょう。次の第三章と第四章ではそれぞれ「要求管理」と「プロセスデザイン」というビジネスアナリストが持つ専門性について解説していきます。

コラム

海外ビジネスアナリスト事情

私たちは定期的に海外のカンファレンスに参加するなどして、海外のビジネスアナリストと会う機会をもっています。日本と海外ではビジネス慣習が違い、驚くことも多いのですが、このコラムでは本文では紹介できなかった海外のビジネスアナリストの姿を紹介します。

ビジネスアナリストは女性が活躍している職業

海外のカンファレンスに参加すると、さまざまなビジネスアナリストに出会います。日本のプロセス変革やデジタルトランスフォーメーションに関するビジネスカンファレンスでは圧倒的にワイシャツ姿の、しかも年齢層が高めの男性が多いことと比べると、海外のビジネスアナリストコミュニティの様子はだいぶ異なります。雰囲気は非常にラフで、スーツを着た男性はほとんど見かけません（スーツを着ている人は大体はセッションの講演者か、デモブースを出展しているベンダーの関係者です）。見た目も若い人が多いのですが、これはビジネスアナリストの歴史がまだ浅く、ベテランが少ないことが影響しているからかもしれません。

なかでも女性の姿が目立つことには驚かされます。以前、海外のカンファレンスで10人のビジネスアナリストに聞いてみたところ、皆、口をそろえて社内のビジネスアナリストの男女比は6〜7割で女性が多いと言っていました。第一章でも引用したIIBAのサラリー調査によるとリージョン1といわれる北米、ヨーロッパの主要国、オーストラリアといったビジネスアナリストが多い地域[※10]の回答者の女性比率は57・6%で、これを裏付けます（これに対してアジア、南米、中東、アフリカの各国の回答者は約6割が男性です）。ちなみに給与も回答者全体の平均では男性より女性の方が3%ほど高く、ビジネスアナリストは女性が活躍しているコミュニティだといえます。

先ほどの人たちに女性が多い理由を聞いてみたところ、ビジネスアナリストは関係者への調整や説明といった仕事が多く、また時には目上の相手にNOを言ったり、相手の心情に配慮した対話を行ったりしなくてはいけないケースもあるので、コミュニケーションに長けた女性の方が向いているのかもしれないとのことでした。このためかは分

※10…このサラリー調査は世界銀行のICP（国際比較プログラム）に基づいて世界を三つの地域（リージョン）に区切り、さまざまな比較をしています。リージョン1は大多数の先進国が含まれ、米国、カナダ、イギリスやドイツといった西ヨーロッパの大半の国、北欧、オーストラリアとニュージーランド、そして日本もここに含まれます。なお、このリージョン1で全回答者数のほぼ半数を占め、残りのリージョン2と3がそれぞれ4分の1ずつです。

かりませんが、海外のカンファレンスで会うビジネスアナリストは、親切で物腰が柔らかい人が多いように感じます。

一つの企業にビジネスアナリストは何人いるのか

一つの企業に何人のビジネスアナリストが所属しているのか、正確に調査した資料はありません。業種、業態、その企業の経営方針によってビジネスアナリストをどれくらい雇用するのか、さまざまな考え方があります。

少し例をあげると、ある欧州の銀行には全従業員10万人のうちビジネスアナリストに分類されるキャリアの人が3000人いるそうです。カンファレンスで出会った北米の従業員100人ほどの小さな金融サービスの企業に勤めるビジネスアナリストは「うちはビジネスアナリストが〝たったの〟5人しかいないの」と嘆いていました。これがITサービスの企業では全従業員のうち10%以上がビジネスアナリストということもあるそうです。

北米でビジネスアナリストが多い業種というと、金融(銀行や保険)や航空業界が筆頭なのですが、現地のビジネスアナリストたちと話していると、これらの企業では全従業員のうち2〜3%がビジネスアナリストということは珍しくないようです。数十人ほどの小さな企業ですらビジネスアナリストがいることも多く、北米で働くビジネスアナリストの友人に日本ではビジネスアナリストが普及していないと伝えると驚かれます。

ビジネスアナリストのキャリアのはじめ方

ビジネスアナリストになる道には大学などから企業に入社してビジネスアナリストとなるケースと、他の職種から転職するケースがあります。著者である私たちは新卒でコンサルティング会社に入社してから一貫してこの仕事に携わっていますが、多くの国では他の職種からの転職が圧倒的に多く、その出身の職種は実にさまざまです。

多いケースとしてはエンジニアがシステム開発の上流工程に活躍の場を移し、ビジネスアナリストになることです。先ほども紹介した海外カンファレンスでインタビューした10人のビジネスアナリストは、半分がエンジニアの出身でした。北米ではIT関連の役割は日本よりも細かく分担されているので、一般的なソフトウェア開発担当のエンジニアだけでなくQA（品質保証）担当やテスト担当といった、幅広いIT関連の職種からビジネスアナリストに転職します。なお、エンジニア出身でもエンジニアと兼務してプロセス分析からソフトウェアの開発まで一気通貫で担うということではなく、専任のビジネスアナリストとして異なる役割にシフトしていることが大半です。

一方で非エンジニア出身のビジネスアナリストたちの前職はさまざまです。興味深いのは、この時に話を聞いた10人のうち3人が教師出身だったことです。調べてみたところ、教師が一般企業に転職する際の仕事の選択肢としてビジネスアナリストを紹介している教育関連のコラムも見つけました。このコラムでは企業内で（教師のような）コミュニケーションを専門とする役割の一つとして、ビジネスアナリストが紹介されていました。確かに、専門知識を学び続けなければいけない、誰かに難しいことを分かりやすく伝えなくてはいけない、そして子供はもちろん親や教職関係者といった多くの利害関係者の中でコミュニケーションをとらなくてはいけないという教師の仕事は、ビジネスアナリストと似たものがあります。実際、この時に話した教師出身のビジネスアナリストたちは異口同音に教師としての経験は今の業務にも役に立っていると言っていました。

この他にも営業経験者や、シェアドサービスでオペレーションに従事していた人がビジネスアナリストになることもあり、IIBAではビジネスアナリストのキャリアのはじめ方として、「何らかのビジネスに従事した経験がある」または「ビジネスやビジネスアナリシスについて教育を受けている」といった条件を満たせばビジネスアナリストのキャリアにチャレンジできるとしていて、間口はとても広いものとなっています。

このように他職種からの転職が多い海外のビジネスアナリストですが、近年は市場

における ビジネスアナリストの不足を背景に、大学や職業訓練学校でビジネスアナリシスを学んだ上でビジネスアナリストから社会人生活をスタートする人も増えているようです。企業の中にも日本の新卒採用のように未経験の学生を一括採用してじっくりと育成するところが出てきています。学生の間でも人気の職業になりつつあるようで、LinkedInが2018年に発表した調査では、2017年に卒業する学生に人気の九つの職業の一つとなっています。[※11]このような海外における新卒からのビジネスアナリスト育成の状況については第五章で解説します。

教育プログラムと支援ツールが豊富な海外のビジネスアナリスト市場

北米や欧州のビジネスアナリストの環境を見ると羨ましいと思うことがたくさんあります。まずあげられるのが教育プログラムの豊富さです。特に北米では、ビジネスアナリストのキャリアアップは「自己責任」が原則ですから、自分のスキルは自分で開発しなければなりません。ですから、外部の研修やワークショップに進んで参加して、スキルを磨きます。

※11…https://blog.linkedin.com/2018/january/16/the-most-popular-jobs-and-companies-for-college-graduates

これらの国のビジネスアナリストにとって外部の教育プログラムを受講することは単に受け身で知識を得るだけではありません。異なる会社のビジネスアナリストが普段の悩み事を相談しあったり、情報を交換しあったりして、共に学ぶ場となっています。海外のカンファレンスの参加者はとにかく積極的に発言します。セッションの途中でも手を挙げてどんどん質問しますし、受講者間で意見交換が発生することもしばしばです。残念ながら日本では企業の中にも外にもこのようなプロセス変革の専門性を高める教育の場はあまりありません。

同様に羨ましいのがビジネスモデリングツールの豊富さです。ビジネスプロセスを業務フローやデータモデルといった図で表現することをビジネスモデリングといいます。このための専門ツールの種類が日本と北米では段違いなのです。日本だとこのようなツールの選択肢は数えるほどしかなく、多くの企業ではパワーポイントやエクセルのような汎用OAツールを使用しています。しかし北米では数十の専用ツールがしのぎを削っています。日本のツールでは対応していない機能を持つツールも数多くあるのですが、日本にはほとんど進出していません。

このようなツールを活用することはビジネスモデリングの生産性を高める効果があります。経済産業省のレポートではモデリング専用ツールを使うことで汎用OAツールと比べて作図の生産性を1・3倍程度高めることができるとしています。[※12] またこれらのツールは関係者間で作成した文書を共有しやすくしたり、文書の意図しない改変を防いだりする機能もあります。この改変防止に関して、知り合いのコンサルタントが海外の関係者と話した際に「日本ではエクセルやパワーポイントで業務フローを書いていて、どうやって改ざんを防止しているのか？ IT統制上の問題は生じないのか？」と言われてしまい、何も返答できなかったと言っていました。

このようなことになっているのは、日本ではビジネスプロセスマネジメントが専門性として認知されておらず、市場が小さいことが原因です。これから先、日本でもビジネスプロセスマネジメントの認知が進み、教育プログラムやビジネスモデリングツールの選択肢が増えることを願ってやみません。

※12…平成23年度電子経済産業省推進費 業務最適化のための業務モデリングに関する調査研究（業務モデリング手法の検証と政府情報システムへの示唆の整理）調査報告書　109Pより

第三章

ビジネスは要求でできている

要求管理がプロセス変革を成功に導く

第三章と第四章を通して、ビジネスアナリストの持つ専門性について解説したいと思います。まず、第三章ではビジネスアナリストの中核となる専門性ともいえる「要求管理」を取り上げます。要求管理はありとあらゆるプロセス変革に応用できる考え方ですが、近年、要求管理の必要性が叫ばれる背景にはデジタルトランスフォーメーション（以降DX）があります。この章では、あるデジタルソリューション導入のプロジェクトの事例を通して、DXにおいてビジネスアナリストがどのように要求管理を行うのかを解説します。

すべてはビジネスのニーズからはじまる

「若手データサイエンティストが集まる会で、人工知能（AI）をテーマに講演をする機会があった。講演後の雑談で『会社の上層部から〝なんでもいいからビッグデータを集めて、AIでなんとかしろ〟と言われて困っている。そんなのは幻想だ、と言ってもらえないか』と頼まれた。」（2016年9月8日付日経産業新聞）

これは国立情報学研究所教授で東大合格を目指したAIロボット「東ロボくん」の

開発を手掛けた新井紀子氏が、新聞のコラムで述べていたことです。

デジタルはビジネスのニーズを実現するための手段

デジタルソリューションを導入する際の失敗要因の上位は、常にビジネス側の問題です。ソフトウェア開発の成功率は上昇傾向にありますが、失敗要因の傾向自体は1990年代から30年間、常に変わりません。中でも近年目立つデジタルソリューション導入の失敗理由は、導入の目的が不明確なまま取り組みを進めてしまうことです。

日本では新しい技術が世に出てそれがブームになると、新技術を導入すること自体が目的化する傾向があります。技術が自社のビジネスにどのように役に立つのかよくわからないまま、最新技術を導入しさえすれば何か良いことが起きるだろうという曖昧なイメージで取り組みが進んでしまうのです。これは2000年前後のインターネットブームからはじまって、ERPやCRMの導入ブームなど常に同じことが起きてきました。2010年代半ばにビッグデータがブームとなった当初も、ビッグデータ活用の課題は「導入する目的の明確化」が一位となっています(図3-1)。

当たり前ですがデジタル活用とは、ビジネスをデジタル化することが目的なのではありません。デジタル化は手段であり、これを活用してビジネスの価値を高めることが目的です。取り組みのスタートラインは常にビジネスのニーズ（第一章参照）であり、これを最終的にはデジタルソリューションへの要求まで落とし込まなくてはいけません。ビジネスのニーズとは事業戦略や日々のオペレーション上の問題から生まれるもので、あるデジタルソリューションの導入に際して無理やり生み出すものではありません。まずここを間違えないことが大切です。

3-1　ビッグデータ活用における課題（2013年時）

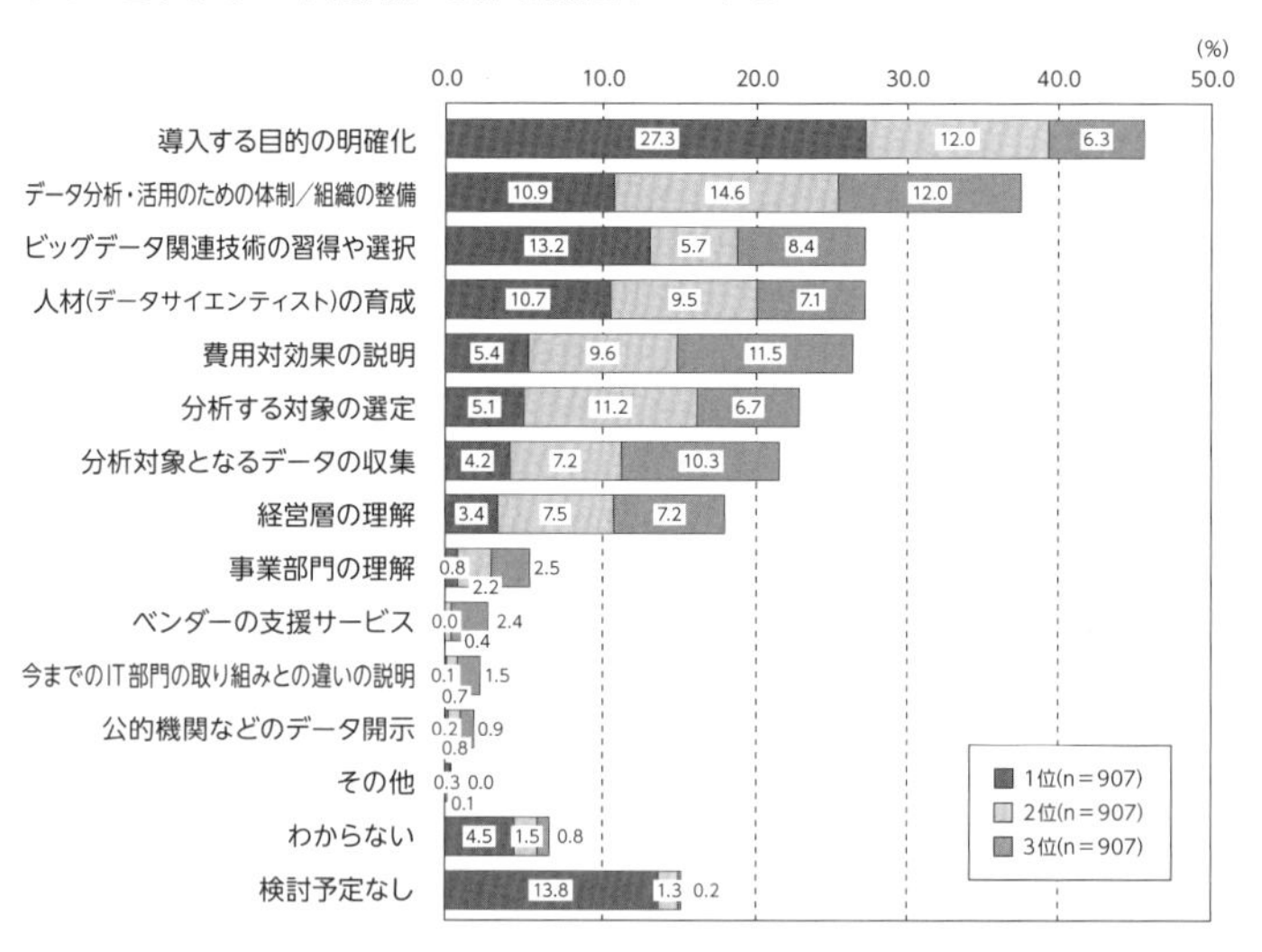

出典：JUAS「企業IT動向調査2014（13年度調査）」より

要求を段階的に分解することで目的からの逸脱を防ぐ

このビジネスのニーズに沿って、デジタルソリューションへの要求の落とし込みを行う手法が、ビジネスアナリストにとって中核の専門性である「要求管理」です。「要求」とはビジネスのニーズを表現したもので、いくつかの種類に分類されます。図3－2はBABOK[※1]の定義を元にした要求の分類です。

最上位の要求が「ビジネス要求」です。これはビジネスの

3-2　三つの要求の関係

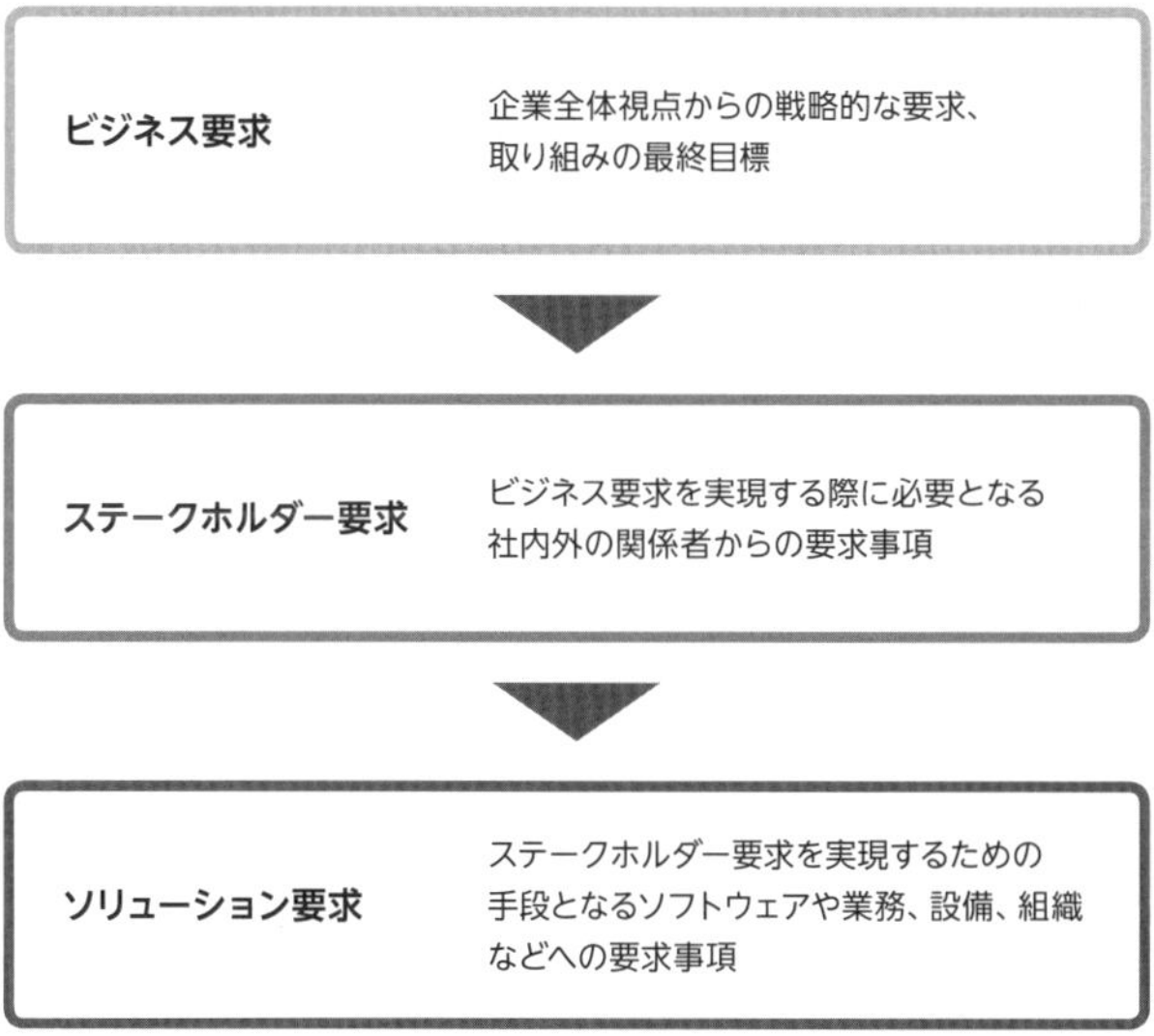

ビジネス要求	企業全体視点からの戦略的な要求、取り組みの最終目標
ステークホルダー要求	ビジネス要求を実現する際に必要となる社内外の関係者からの要求事項
ソリューション要求	ステークホルダー要求を実現するための手段となるソフトウェアや業務、設備、組織などへの要求事項

※1…BABOKはIIBAが発行するビジネスアナリシスの知識体系集で、2019年現在バージョン3が刊行されています。

ニーズを簡潔に表現したもので、その企業の戦略上の要求事項であり、取り組みの目的や目指す成果を示す宣言となります。通常はプロジェクト立ち上げ時に、真っ先に明らかにします。

次の段階の要求が「ステークホルダー要求」です。これはビジネス要求を実現する際に必要となる社内外の関係者からの要求事項です。プロジェクト開始後、関係者にインタビューを行うことは多いと思いますが、この時に収集されるさまざまな要求がステークホルダー要求と考えていただければよいでしょう。

最後の段階の要求が「ソリューション要求」で、ステークホルダー要求を実現するための手段となるソフトウェアや業務、設備、組織などへの要求事項です。ソフトウェアに対する要求仕様が分かりやすい例ですが、ここでの「ソリューション」とは必ずしもデジタルソリューションだけを指すわけではないことに注意が必要です。ソリューションには機械設備、アウトソーシング、さらには業務や組織の変更といったように、ニーズ実現のためのすべての手段が含まれます。

ビジネスアナリストはこのように、それぞれの要求の関係性を明確にしつつ、上位の要求から段階的に分解していきます。これによりソリューションが本来の目的から外れることを防ぎつつ、ソリューションへの要求を具体化していくのです。

プロジェクトの成否は要求で決まる

ここから、あるデジタルソリューション導入事例を通して、要求を分解する流れを具体的に説明していきたいと思います。ここに、ある観光業を営む企業グループがあります。全国でホテルやレジャー施設、レンタカー会社といったさまざまな事業を運営しています。海外にも施設があり、鉄道会社やバス会社とも提携しています。この会社の「統合顧客データベース構築」というデジタル導入プロジェクトが舞台です。

ステップ1　プロジェクトはビジネス要求の検証からはじまる

この会社は「事業を貫いたお客様情報の統合データベース（略して統合顧客データベース）を構築する」という取り組みを計画しています（図3－3）。現状では各事業間で顧客情報を管理するシステムがバラバラです。そのため会員登録しているお客様の購買行動を、事業をまたいでスムーズに分析することができません。また、事業が異なるとお客様のサービス利用実績がわからないため、ホテルのコンシェルジュは問い合わせにスムーズに回答できないこともあるようです。これらが解決したい問題（＝ビジネスのニーズ）です。ですから、今回の取り組みのビジネス要求は「事業をまたいでお客様の購買行動を分析し、新しいサービスを生み出す」「サービスの現場でお客様の購買履歴を速やかに把握し、よりお客様のニーズに即したサービスを提供可能にする」となります。

ビジネスアナリストはビジネス要求を自ら生成することもありますが、プロジェクトに配属された際にはすでにビジネス要求が決まっているケースも少なくありません。ただ、ビジネスアナリストは「これがこのプロジェクトのビジネス要求だ」と説明されたとしても、無条件に受け入れるわけではありません。

3-3　統合顧客データベースのイメージ

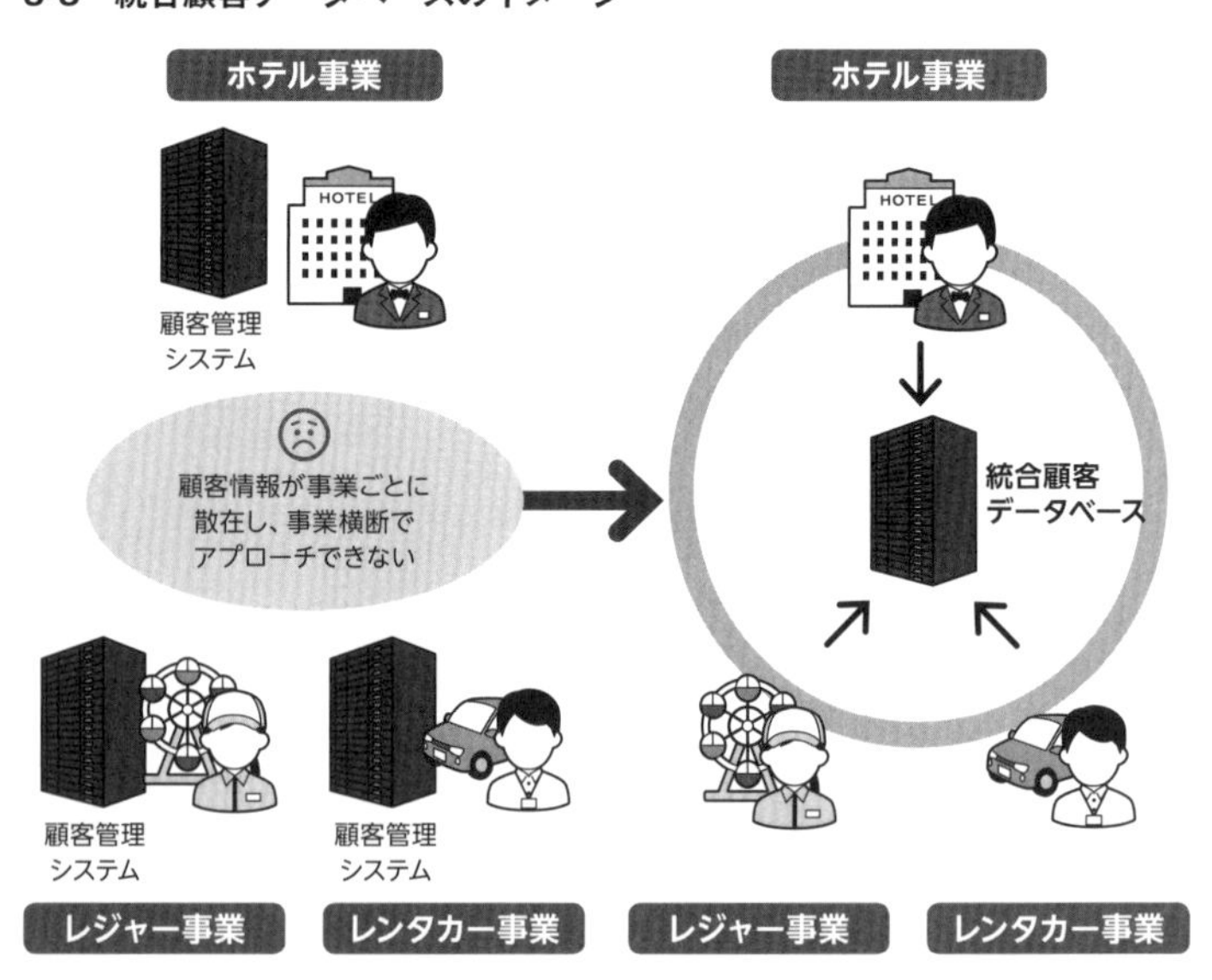

それが本当にプロジェクトの目的として妥当なのかを疑います。実際のプロジェクトでは「統合顧客データベースを作れ！」という指示が経営者から（もしくは社内のよく分からないところから）下りている一方で、現場の話を聞くとそんなことでは困っていないということもあります。

冒頭のＡＩのエピソードのように、近年のデジタル化プロジェクトではとにかくこれが多いのです。特定のデジタルソリューションを適用したいがために、そのソリューションで解決できそうな問題を無理やり作りだしていたりします。ですからビジネスアナリストは現場の担当者の話を聞いて、実際にどのようなことで困っているのか聞き出し、ビジネス要求が妥当なのかを精査します。

例えばホテルのコンシェルジュたちの話を聞くと、多くの人が困っているのはお客様の情報がないことではなく、お客様にお薦めする自社サービスについて十分な情報が提供されていないことであったりします。こうなると優先すべき取り組みは「統合顧客データベースの構築」ではなく、「ホテルのコンシェルジュがお薦めの自社サービスをすぐに検索できる仕組みの構築」かもしれません。当然ですがこのような場合はビジネス要求を修正するか、プロジェクト自体の中止を提言することもあります。

このような作業の裏で、ビジネスアナリストはプロジェクトの計画立案も行っていきます。例えば、ビジネス要求の達成度を具体的に測るための定量目標が必要です。この先、プロジェクトの計画を立てるためには今回の取り組みで影響を受けるビジネスプロセスの範囲や関係者を明確にして、インタビューのスケジュールも立てなければいけません。そう考えると取り組みの初期段階でビジネスアナリストが行っている作業はプロジェクト計画の明確化だということもできます。

ステップ2 ビジネス要求をステークホルダー要求に分解していく

さて、さまざまな関係者と議論した結果、ビジネス要求と現場の問題認識に齟齬はなく、統合顧客データベースの構築は必要だという結論になりました。これによりプロジェクトは正式に立ち上がり、デジタルソリューションの開発に向けて動き出します。次にビジネスアナリストが行うのは、ビジネス要求を実現するためのより細かい要求を収集することです。

このために社内の関係部門にインタビューを行っていくと、データベースで管理したい項目や利用したい時間帯などさまざまな要求が見えてきます。例えば利用時間に関しては、各施設の要望をまとめると「お客様情報には24時間アクセスできなければならない」ということが今回のデータベースへの要求であることがわかりました。こ

のようなビジネス要求を実現する際に必要となる社内外の関係者からの要求事項を「ステークホルダー要求」と呼びます。※2

ステークホルダー要求には、内部統制や情報セキュリティといったデータベース運用上のルールに関する要求も出てきます。この会社ではグループ全体として「企業責任としてお客様情報をしっかりと保護する」という個人情報保護方針を持っています（これも一つのビジネス要求です）。これに照らすと「お客様情報には特定のメンバーしかアクセスできない」という要求も識別できます。

これらのステークホルダー要求はビジネスアナリストが自ら考えるケースもありますが、どちらかといえば社内の意見を収集しながらまとめることがほとんどです。少なくともビジネスアナリストだけでは、社内のすべての関係者の視点をカバーすることはできません。このように関係者から要求事項を引き出す作業を専門用語では「引き出し（Elicitation）」といいます。

※2…ややこしいのですが、一般的にソフトウェア開発で「業務要求」と言われるものがこの「ステークホルダー要求」にあたります。そして、「システム要求」や「仕様要求」と呼ばれるものが「ソリューション要求」にあたります。「ビジネス要求」は日本語だと「事業要求」や「戦略要求」の方が近く、「業務要求」よりも高次元の要求となります。

「引き出し」という言葉からは関係者にインタビューばかりをしているイメージを持ちますが、実際の引き出し技法は多岐にわたります。既存の業務資料やシステムの仕様書といった文書から現行業務を理解する「文書分析」は基本です。今回のデータベースのユーザーにはホテルやレジャー施設のコンシェルジュがいますが、彼らに対するお客様からの問い合わせは日に何件あるのか、どのような問い合わせが多いのかといった定量的なデータも分析します。またコンシェルジュのお客様への応対を近くで観察する「エスノグラフィ」という手法や、お客様側の目線でプロセスを分析する「カスタマージャーニー」という手法を使うこともあります。「ジョブシャドウイング」といわれる、ビジネスアナリスト自身がユーザーになりきって業務を実行することで問題点を直に探しだすことも有効な手段です。経験豊富なビジネスアナリストほど、関係者が発する言葉だけに頼らず、さまざまな手段で要求を収集します。

このように収集した要求は、しっかり分析してみると矛盾があったり、必要な情報が欠落していたりするところが見つかります。このような目的から外れる要求や不明確な要求はプロジェクトが迷走するきっかけとなりますが、これらの多くはこのステークホルダー要求の収集時に紛れ込みます。ですから、ビジネスアナリストは収集した要求をしっかりと理解して、取り組みの目的に沿わない要求を取り除いた上で最終化していきます。

ステップ3 適切なソリューションを選定する

ビジネス要求で目指す成果を明確にし、関係者からステークホルダー要求を収集すると、目指すビジネスプロセスの大まかな姿が見えてきます。ここから先のフェーズでは本格的に統合顧客データベースの仕様を決めていきます。このために必要となるのが業務遂行可能なレベルまで落とし込まれた精緻な要求である「ソリューション要求」です。ソリューション要求はその詳細さに応じて、さらに二つの段階に分けることができます。一段階目は「ソリューションを選定するための要求」、二段階目は「ソリューションを実装するための要求」です（なお、この二つの区分けはBABOKに記されたものではなく著者独自のものです）。

統合顧客データベースを構築する際に活用できるデジタルソリューションは多種多様です。候補としては「クラウドサービス」「パッケージソフトウェア」「カスタム開発」といった手段がありますが、クラウドサービスやパッケージソフトウェアといった既製品を候補とする場合は、市場の製品群の中から採用するものを決める必要があります。そのためにはソリューションに求める機能を明確にし、製品の持つ機能と比較しなければいけません。このような比較を行うためのソリューション要求が「ソリューションを選定するための要求」です。

例えば今回の取り組みでは、お客様の名前や住所といった属性情報だけを管理できれば良いわけではありません。お客様が過去に利用したサービスや、コンタクトセンターに入った問い合わせの内容なども合わせて管理したいと思っています。そうなるとそのための情報管理機能が必要になります。また、情報を蓄積するだけでなく、複数の軸で分析するための機能も欲しいと考えています。

このようなビジネスの側面からの要求に合わせて、技術的な側面からの要求も考慮する必要があります。今回はすでに稼働している各サービスの管理システムから顧客情報やサービス履歴を連携してデータベースに蓄積します。ということはすでに自社で利用している他のソフトウェアソリューションとの連携が可能なソリューションでないといけません。

このようにビジネスと技術の双方の側面から、候補となるソリューションの差異を明らかにするための要求事項を整理していきます。これらの要求をもとに検討を重ねた結果、大手のソリューションプロバイダーが提供している顧客情報統合のためのパッケージソフトウェア（その名も「顧客情報統合活用ソリューション」）が要求の大半を満たせるということがわかり、今回はこのソリューションを採用することになりました。

ステップ4 ソリューションを実装可能なレベルまで要求を落とし込む

このような経緯を経て「顧客情報統合活用ソリューション」の採用が決まると、要求の明確化は最終段階に進みます。最後は「ソリューションを実装するための要求」を明確にしなければなりません。これが、デジタル技術導入プロジェクトの要求明確化の当面のゴールとなる要求です（実際にはこの後も要求管理は続くのですが、それは後述します）。

このレベルのソリューション要求は、エンジニアが要求を誤解なく理解し、ソリューションの設計、開発をできるところまで詳細化されていなくてはなりません。この「詳細化」のレベルは、実は多くの

3-4 「顧客情報を登録する」機能のソリューション要求（一部）

機能01：顧客情報を登録する

【管理項目（●は必須入力項目）】

- ● 顧客ID（自動採番、半角数字、9ケタ、正会員であれば000000001から順に採番、家族会員であれば100000001から順に採番）
- ● 顧客姓（テキスト入力、全半角可、英語／日本語表記、20ケタ）
- ● 顧客名（テキスト入力、全半角可、英語／日本語表記、20ケタ）
- ○ 顧客姓ふりがな（テキスト入力、全角ひらがなのみ、20ケタ）
- ○ 顧客名ふりがな（テキスト入力、全角ひらがなのみ、20ケタ）
- ● 会員種別（プルダウンから選択、選択項目：正会員／家族会員）

（以下省略）

人が思うよりもずっと細かいものです。例えば「顧客情報を登録する」という非常に単純な機能に必要な項目を説明するだけでも、図3－4のような要求の詳細化が必要です。

今回のようなパッケージソフトウェアだと、ソフトウェアの設定に必要な仕様はソリューションに強く依存します。例えばこの要求では顧客IDは会員種別に従って番号の振り方が変わる有意コードとなっていますが、このようなことが今回採用したソリューションで実現可能かどうかはエンジニアと確認して進める必要があります。

ソリューション要求の明確化は一般的には「要件定義」といわれる作業に当たりますが、多くの場合、要件定義の目標がエンジニアリング側の開発コストを確定させることに置かれてしまい、本来のソリューション要求の明確化というにはあまりに粗いという印象です。ですから大抵の場合、ビジネスアナリストとエンジニアの協業は設計フェーズまで続きます。

ステップ5　〝アナログソリューション〟への要求事項も明確にする

要求を分析していく過程では統合顧客データベースというデジタルソリューションへの要求とは異なる、業務ルールや組織に対する要求も出てきます。例えば今後、事業の垣根を越えてお客様の情報を分析しようとすると、既存のルールや組織では無理が生じてきます。これまでお客様に約束している個人情報の活用範囲は各事業内に閉じていたため、事業間で情報を共有するのであれば社内の顧客情報の管理規程を変更する必要があります。また、これまでは事業会社単位で情報を管理していたわけですが、今後はグループ横断での情報の取り扱いに責任を持つ主管部門を設置する必要もあるでしょう。

「ソリューション要求」という言葉からはデジタルソリューションへの要求というイメージを持ちがちですが、ビジネスアナリストにとってのソリューションとは、「ビジネスのニーズを実現するためのすべての手段」を指します。図3－5は一般的な生産性向上の取り組みで活用できるソリューションの例です。たとえDXの取り組みであっても、これらの幅広い選択肢の中から、デジタルツールだけでなくビジネスプロセス全体が機能するために必要なすべてのソリューションを洗い出す必要があります。

なお、デジタルソリューションの導入はエンジニアとの共同作業ですが、このような〝アナログソリューション〟の導入に関しては、ビジネスアナリストが一貫して担当することがほとんどです。

3-5　プロセス生産性向上のソリューション選択肢の例

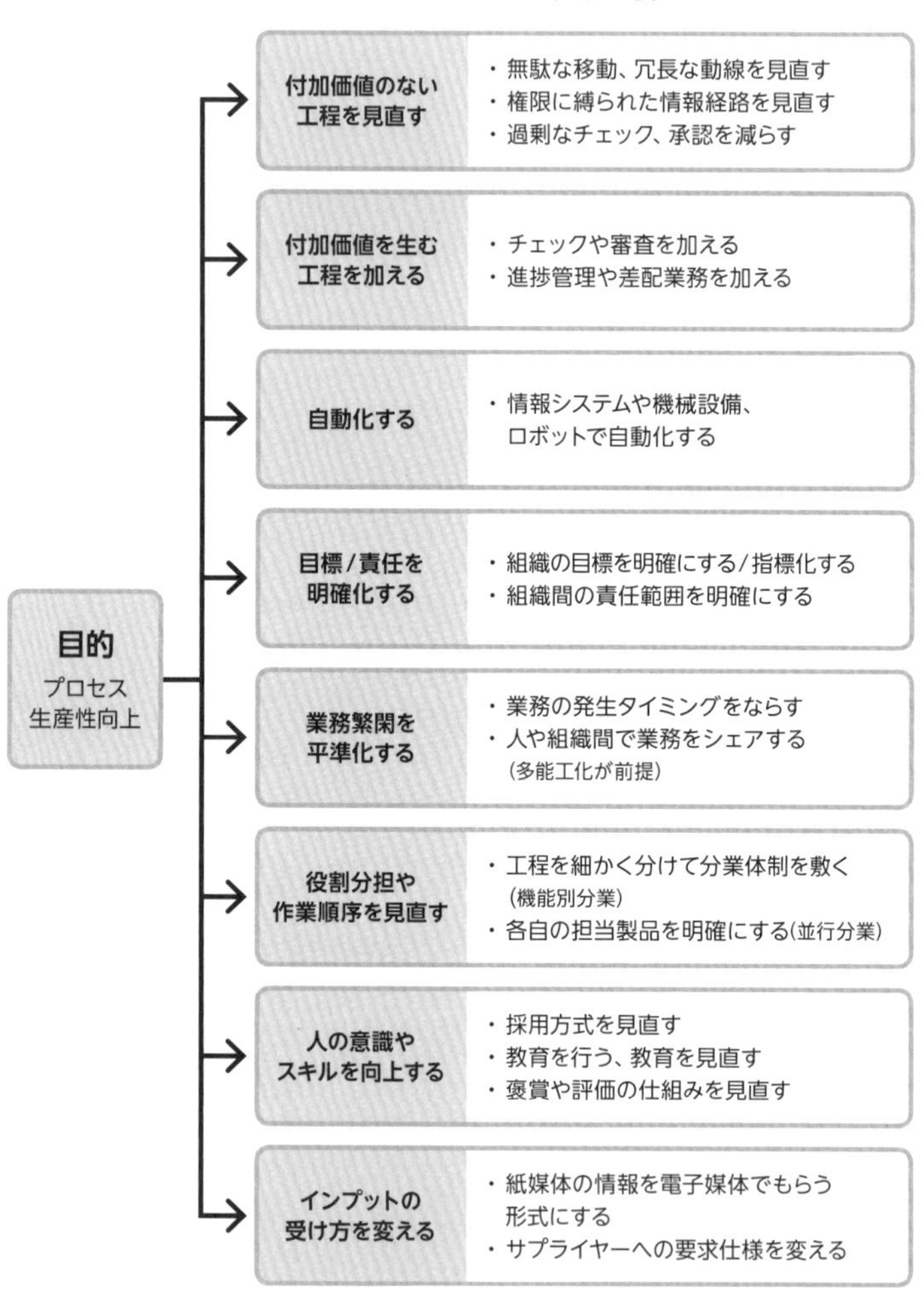

ステップ6　ステークホルダーと調整して要求を確定させていく

ステップ2から5まで、ステークホルダー要求をソリューション要求に分解する作業を行っているわけですが、これと並行してビジネスアナリストは、要求の出所であるステークホルダーに定期的にコミュニケーションをとっています。提示された要求が最終的にどのようなプロセスの姿となるのか説明し合意をとっておかなければ、後でトラブルになってしまうからです。この時、ステークホルダーに新たなプロセスの姿を分かりやすく説明するために、業務フローのようなプロセス設計文書が威力を発揮します。この章では要求管理はビジネスアナリストの中核となる専門性だと説明しましたが、もう一つビジネスアナリストにとって大切な専門性が、プロセスの姿を分かりやすく表現する「デザイン」です。これについては第四章で詳しく説明します。

さてこのような過程を経てソリューション要求が詳細化され、ステークホルダーの合意もとり、そしてエンジニアに要求が正確に伝われば、要求を明確にするというビジネスアナリストの役割は一定の目途がついたことになります。この後のプロジェクトの作業はエンジニアが主体となり、統合顧客データベースの詳細な設計や開発を進めていきます。

ます。

要求管理こそがビジネスアナリストのスキルの根幹

これまで説明した「統合顧客データベース」の要求の構造は図3－6のようになります。

ビジネスアナリストはビジネス要求を段階的に分解することで、ソリューションへの要求を明確にしていきます。上位の要求を明確にした上で、上位要求との紐づきを意識しながら下位の要求に分解していけば、最終的なソリューションの姿がビジネス要求から外れることはありません。この考え方は古典的なシステム開発か最新のデジタル技術か、もしくはウォーターフォール開発かアジャイル開発かといったことによって多少の違いはありますが、原則は同じです。さらにいえばデジタルソリューションに限らず、アウトソーシングや組織変更などありとあらゆるプロセス変革に適用できる考え方です。

実際の要求管理の理論はここで説明したことよりもはるかに複雑です。そこにはさまざまな要求を正確に記述する手法、各要求の検討状況の進捗を管理する手法、複雑に絡み合う大量の要求の関係性を管理する手法など、幅広いテクニックが含まれます。ビジネスアナリストのコミュニティではソリューションの違いや、開発手法の違いに応じたさまざまな要求管理の在り方が常に研究されていますので、もし興味を持った

3-6　統合顧客データベースの要求の構造

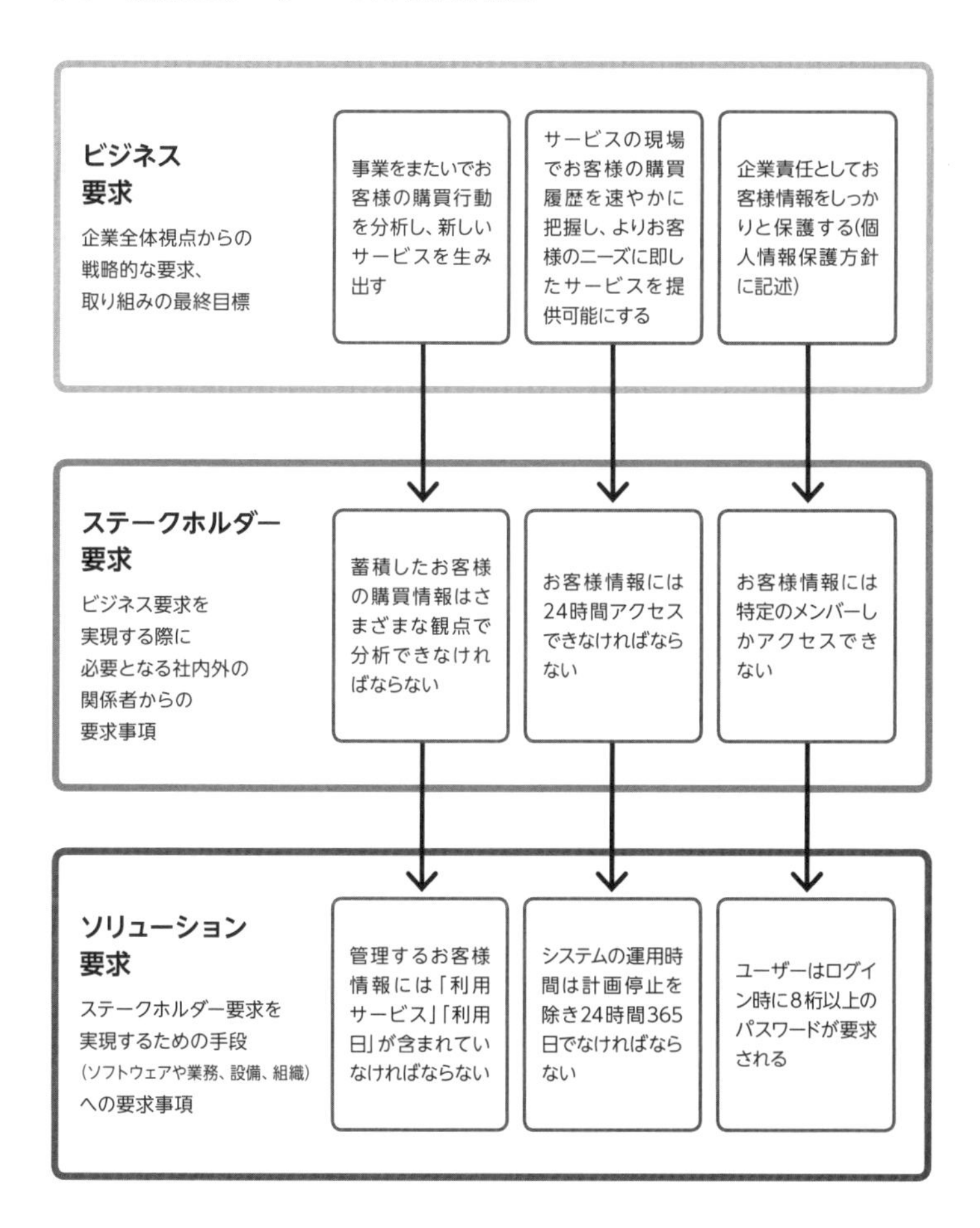

方がいれば調べてみてください。[※3]

要求管理は終わることなく続く

さて、この本では要求管理を「要求開発」といわれる、新たに要求を生み出す流れを中心に説明しています。しかし、要求開発は要求管理の一部でしかなく、[※4]この後もビジネスアナリストの仕事はまだまだ続きます。ここでは初期要求が明確になった後のビジネスアナリストの仕事を簡単に紹介します。

要求が明確になってもビジネスアナリストの仕事は終わらない

要求が明確になり、ソリューション開発の主体がエンジニアに移った後も、細かい仕様に関するエンジニアからの問い合わせや相談事は日常茶飯事です。またステークホルダーからは過去に決めた要求の変更、いわゆる仕様変更の連絡も来るので、これにも対応しなければいけません。要求明確化の後もビジネスアナリストはさまざまな仕事に追われます。

同じ頃にテストの計画も立てます。テスト計画については専門のエンジニアがいるケースもありますが、テスト項目の最大のインプットは上流工程で生成した要求ですから、どちらにしてもビジネスアナリストが関与しなくて良いわけはありません。テストは一般的なソフトウェア開発でいえば、ソリューション要求が正しく実装されているかを確認するシステムテスト、そして各関係者の要求、つまりステークホルダー要求が反映されているかを確認するユーザー受け入れテスト（業務トライアルともいわれます）と段階を経て検証します。そしてビジネス要求はソリューションが稼働した後に、事業全体の業績管理を通して検証することになります。

さらに、これらと並行してプロジェクトの下流工程でビジネスアナリストが行う大きな仕事が、新しいビジネスプロセスへの移行です。要求には三つの種類（ビジネス要求、ステークホルダー要求、ソリューション要求）があるとお話ししましたが、実はもう一つ種類があり、これが「移行要求」といわれるものです。移行要求とは、あるビジネ

※3…要求管理を学ぶ上で参考になる書籍として「ソフトウェア要求 第3版（Karl.E.Wiegers, Joy Beatty 著：日経ＢＰ）」があげられます。そのタイトル、そして700ページというボリュームから難しい技術書に見えますが、内容は大変平易で分かりやすく記述されています。

※4…「要求管理」という言葉の定義は研究者や団体によって差異があります。代表的なものとしては「要求管理」は「要求開発」によって開発された要求の保守作業で二つは連続する別の作業だという考え方と、「要求管理」という全体の体系の中に「要求開発」が存在しているという考え方に分かれます。本書では後者の考え方をとっています。

スプロセスが新たな姿に移行する際に一時的に必要となる要求で、データ移行、システム切替、さらにこの現場展開のための説明会の開催やユーザー教育といったことに関する要求が含まれます。データ移行やシステム切替はエンジニアとの共同作業ですが、ユーザーへの現場展開はビジネスアナリストの担当です。このような〝チェンジマネジメント〟に従事するビジネスアナリストの姿は第四章のコラムで解説するのでそちらを参照してください。

さて、ここまで説明したデジタルソリューション導入プロジェクトにおける要求管理全体のライフサイクルをまとめると図3－7のようになります。

プロジェクト自体は業績管理上での効果検証で終了しているように見えますが、実は要求管理はこの後もまだ続きます。第一章に登場したアナの事例のようなお客様向けのデジタルサービスであれば、ここからが本番です。ビジネスの状況やお客様の要望にアンテナをたてて、サービスを魅力的にするための要求の改定とエンジニアとの連携を日々の定常作業として行っていきます。ソリューションが安定稼働すればプロジェクトチームとしては解散されることが多い業務用システムの導入においても、要求の管理は運用保守担当者に引き継がれますし、ビジネスアナリストが運用保守のフェー

3-7　要求管理のプロジェクトライフサイクル

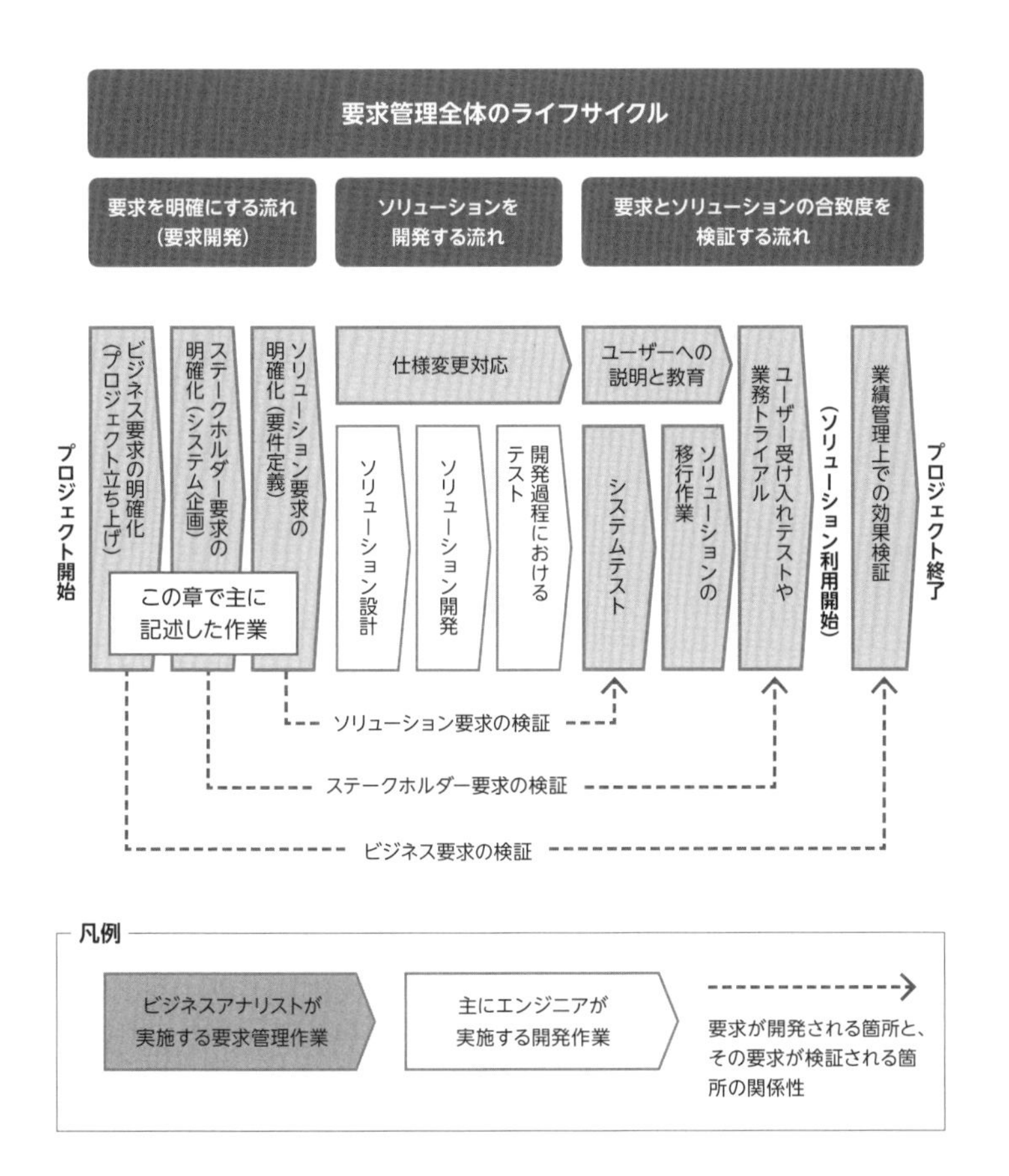

ズでも引き続き要求管理を担当することもあります。どちらにしても、要求はその仕組みが老朽化して新たなソリューションに置き換わるまで引き継がれていきます。

すべての要求は企業の外からやってくる

要求管理の説明の最後にお話ししておきたいことがあります。要求管理のスタートラインはビジネス要求ですが、よくよく考えるとビジネス要求よりもさらに大本の要求があります。それは「（企業の）外部からの要求」です。すべての企業活動はこの要求に基づいて行われています。

先ほどの統合顧客データベース開発プロジェクトの例でも、ビジネス要求の根源をたどると、それらはお客様のニーズに基づいていることがわかります。例えば「魅力的なサービスを提供してほしい」、「ニーズに沿った提案をしてほしい」といったものです。現実には必ずしもお客様が明示的にそのような要求を企業に伝達するわけではありません。そのため企業は、お客様との対話や各種の調査結果をもとに、自社の仮説を交えて事業戦略を立て、取り組みを推進します。

要求を出すのは何も直接的なお客様だけではありません。株主（株式市場）からは「株価を上げてほしい」、親会社からは「グループ共通の会計ルールに合わせてほしい」、地域・社会からは「環境に配慮した企業経営をしてほしい」など、さまざまな関係者がさまざまな要求を持っています（図3－8）。遵守すべき法律や、業界の規制も、このような外部からの要求の一つです。ビジネスにおける〝問題〟や〝機会〟とは、外部からの要求に対して、企業がまだ応えられていない事項を指しているともいうこともできます。

企業はこのような外部からの多くの要求を受け止め、企業戦略に落とし込んでいます。コスト削減の取り組みは一見、企業

3-8　企業に寄せられるさまざまな外部からの要求

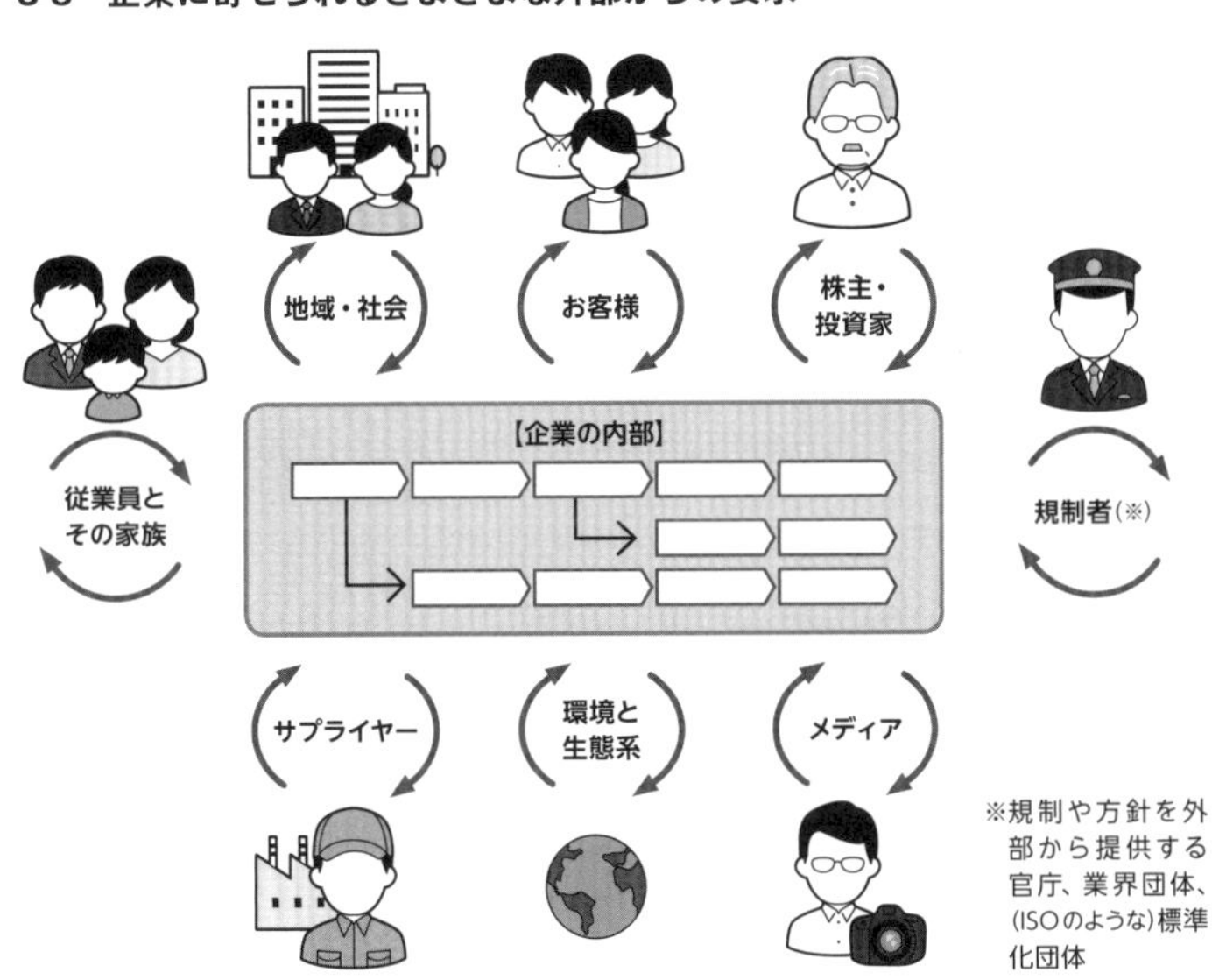

内部から発生しているように思えるかもしれません。しかし、お客様からの価格を下げてほしいという期待や、株主からの利益創出の要求といった外部からの要求がなければ、その必然性はないのです。

ビジネスアナリストが戦略立案にも関わるかどうかは企業によって異なります。しかし、取り組みのどのタイミングから加わるにしても、ビジネスアナリストが自社の戦略を理解してビジネス要求を生成したり、妥当性を検証したりするためには、戦略の前提である外部からの要求を理解している必要があります。

この章では主に「統合顧客データベース」を例にして要求管理の流れを説明してきました。皆さんの目の前に完成した統合顧客データベースがあったとして、この仕組みは何でできているのかと聞かれたら、どう答えるでしょうか。多くの人はプログラムやソースコードでできている、ないしは顧客情報でできていると回答すると思います。もちろんこれらは間違いではないですが、私たちビジネスアナリストはこのデータベースを「要求でできている」という見方をします。それらの要求はお客様からはじまり、さまざまな形の要求に落とし込まれて、最終的に一つのソリューションとして形づくられています。画面に表示される「お客様氏名」「住所」「生年月日」といった一つ一つの情報のすべてが誰かが何らかの目的のために統合顧客データベースに要求したことです。ビジネスとはさまざまな人々の期待を受け、その期待を分解した「要求」に基づいてできている、これがビジネスアナリストの見ている世界なのです。

コラム 企業の中の〝ブラックボックス〟をどう管理するのか

2012年5月18日、SNS大手のフェイスブックは米国のNASDAQ市場に上場しました。日本でも大きなニュースになったこの上場ですが、この時、NASDAQの株式取引のシステムは大きな障害を起こし、取引開始が30分ほど遅れたばかりか取引開始から数時間の間、株式の取引状況が確認できない状態になってしまいました。この結果、投資家や証券会社がこうむった損害は数億ドルともいわれ、NASDAQも信用の失墜に加えて、制裁金や補償金の支払いという痛手を受けました。

誰もそのプログラムが何を意味しているのかわからない

この時のトラブルは、システムが障害を起こし取引を開始できないという事象からはじまりました。きっかけは取引開始直前の大量の売買キャンセルの注文がシステムに負荷をかけ、キャンセル処理が通常より遅延したことです。この結果、複数のシステム間の取引数の整合性をチェックする「検証チェック（Validation Check）」という処理で数値が合わなくなってしまいました。システム内の検証チェックプログラムはいつまでも数値が合わないため、ひたすら再計算を繰り返すループに入ってしまい取引がはじまらなかったのです。

状況を調査していたエンジニアは根本的な原因はともかくとして、検証チェックのプログラムがループしており取引の開始を止めているという事象までは突き止め、NASDAQの経営陣に報告しました。そして取引が開始されないことに焦った経営陣は、この検証チェックのプログラムのコードを削除するよう命じました。当時の経営陣の誰もこの「検証チェック」が何のために存在するのか理解していなかったにもかかわらずです。一次的な原因はあくまでもシステム負荷による処理の遅延です。後でわかったことですが、このような大量注文による処理遅延が起きた際の処理に関するシステム設計にも問題がありました。ただ、売買の数値が合わないわけですから取引を開始できないとした検証チェックプログラムの動作自体は正常だったのです。この正常なプログラムを削除するためにシステムを切り替える過程で注文の処理漏れが発生し、問題は連鎖的に大きくなりました。[※5]

このトラブルは2011年にみずほ銀行が起こした大規模な銀行業務の停止トラブ

※5…ここでのNASDAQのトラブルの経緯は、米国証券取引委員会が発行している以下の報告書から読み解きました。https://www.sec.gov/litigation/admin/2013/34-69655.pdf

ルとよく似ています。この時はあるマスコミの東日本大震災の義捐金振込口座の処理において、処理量の上限が定められている種類の銀行口座にもかかわらず、大量の処理（＝義捐金の振込）が殺到した結果、処理が停止し、システムの構造理解が不十分な状態で対応に明け暮れている間に連鎖的にトラブルが引き起こされました。[※6]

オーナー不明の要求が引き起こす大きなリスク

第三章でお話ししたように企業のビジネスプロセスは要求の塊です。ＮＡＳＤＡＱの事例もみずほ銀行の事例も、システム内に埋め込まれた要求の構造を関係者が把握していなかったことで、何が起きているのか理解できず右往左往しているうちに問題が雪だるま式に膨らんでいきました。デジタルソリューション内に埋め込まれる複雑な要求は増える一方です。ビジネスプロセスが複雑になるにつれて人が要求を管理することに限界が生じ、それらはデジタルソリューションの中で処理されることになりました。というよりも、人ではとても処理が不可能な、複雑な要求を処理可能なデジタルソリューションのおかげでビジネスプロセスの複雑さが増したという方が正解でしょう。

私たちがお客様企業のビジネスプロセスの可視化を進めると、オーナー不明の業務に出合うことがあります。例えば受発注のプロセスでは、企業間のシステム連携やネット通販が浸透するにつれて、処理全体が自動化されることが増えています。その結果、現場の担当者がこのような処理で直接手を動かすことはなくなりました。そしてビジネス部門に「受注処理プロセスのオーナーは誰ですか？」と聞いても、「それはシステムで行っている処理なのでIT部門です」と言われてしまうのです。明確にIT部門に対して要求管理が移管されており、IT部門側に業務のオーナーだという自覚があるのであれば良いのですが、そんなことはまずありません。「オーナーはあなたたちですよね」と言われたIT部門側もびっくりしてしまうことでしょう。かつて人が受注処理を行っていた時代ならビジネス部門は「それはうちが担当している業務です」と自信を持って答えたのでしょうが、自分で手を動かさない仕事に対しては次第にオーナーシップが失われていき、そのうち自分がオーナーだという認識もなくなってしまったのです。

今の企業ではこのような、人の手を離れた要求が機械の中で、日々実行されていることが多々あります。さながら人がいなくなっても空中を彷徨う天空の城のようですが、普段は何事もなく動作していたこれらの機能が、何かトラブルが起きて非常の手段をとる必要があったり、情報システムや設備の入れ替えで新たな設計を行わなくて

※6…「システム障害はなぜ二度起きたか　みずほ、12年の教訓」（日経BP社、日経コンピュータ編集）より

はならなくなったりした際に、重大なリスクとして突然（と人には思える形で）出現するわけです。NASDAQの事例はその最たるものでしょうが、残念ながらこのようなデジタル時代の要求管理の在り方については、まだ十分に議論されていません。プロセスをデジタル化することばかりが喧伝されて、その後に起きることにまだ多くの人が気づいていないのです。本来であれば内部統制（IT統制）によって、システム機能の要求元は明確に管理されるはずですが、それも内部統制書類上の表面的な記述に閉じてしまい、オペレーション部門の実態の運営上はまったく考慮されていないケースをよく見かけます。このような形骸化したやり方ではなく、意味のある要求管理に変えていく必要があります。

これからの企業に必要となる要求管理

このようなことを考えると、これからの企業の要求管理は組織全体のマネジメントの一環として考える必要があります。人が実行していようが、機械が実行していようが、すべての業務やシステム機能、そしてそこに埋め込まれた要求についてオーナーシップを明確にし、管理しなければなりません。

この問題はビジネスアナリストだけでは解決できません。個々の機能や要求のオーナーシップは原則として各ビジネス部門に紐づきます。ですから、仮にビジネスアナリストが要求そのものを理解していたとしても、トラブルに際して対処方法のアドバイスしかできず、対応策の決定はできません。ビジネス部門は自分たちがオーナーシップを発揮すべき対象は人が手を動かしている範囲だけでなく、機械に埋め込まれたものも対象となるということを理解する必要があります。ビジネス部門で業務担当者が交代する際、直に手を動かしている業務は後任にしっかり引き継ぐはずです。しかし、デジタルソリューションに埋め込まれた要求のオーナーシップまで引き継いでいる企業はまだ少ないでしょう。しかしこれからは、このようなことも真剣に考えていく必要があります。

これには要求が可視化（形式知化）され、人から人に伝達可能な状態になっている必要があります。そうなると要求を文書で管理することはどこかで限界が生じますから、組織のプロセスの構造と各プロセスに紐づく要求を統合管理するツールの必要性について議論していかなくてはなりません。このようなツールは海外ではすでに登場し、活用されはじめています。ツールを活用して体系的に要求を管理することで、関係者が同じ要求を共有することが可能になるのです。

ビジネスアナリストは自らも要求を理解しつつ、要求管理はビジネス部門やエンジニアも理解すべき事項だということを社内で啓蒙し、教育する役割を担う必要があります。また、要求を全社で管理するということは、要求記述や保管の仕組みについても統一されたルールを決め、ツールを導入していかなくてはなりません。各要求のオーナーは誰でどこにいるのかをしっかり管理し、オーナー不在の要求に対してはオーナーの決定をビジネス部門や経営者に促す必要があります。これによりトラブルの際にも、プロセス変革の際にもその説明責任のありかを迅速に特定することができます。このようにビジネスアナリストはこの取り組み全般において、社内のあらゆる関係者の要求管理を支援する役割を果たすことになります。

今はまだデジタルソリューションの導入局面を中心に注目されているビジネスアナリストですが、今後はデジタル化されたビジネスプロセスの運用局面においても組織内の要求管理の仕組みを作り、社内のあらゆる職種が連携する体制を構築する役割としても注目が集まっていくと思われます。ただ、このような仕組みを作るためには、まずは経営者がブラックボックスとなる要求のリスクと、全社的な要求管理の必要性を理解することがスタートラインであることは、言うまでもありません。

第四章
人の輪から生まれるプロセスビジョン
皆で理想のプロセスをデザインする

第三章ではビジネスのニーズを分解し、検証していく作業を要求管理として解説しました。一方で、これらの要求が実現された新しいビジネスプロセスの姿を分かりやすく表現することを「デザイン」と呼びます。デザインというと創造力や感性を発揮する仕事というイメージもありますが、ビジネスアナリストにとってのデザインとは、それら以上にコミュニケーション能力が発揮される仕事です。この章ではビジネスアナリストにとってのデザインとは何かを解説します。

デザインとは新しいビジネスの姿を表現すること

新しいビジネスプロセスを生み出す際には、関係者の議論を円滑に進めるために、さまざまな書式でプロセスの姿を表現します。これがビジネスアナリストにとってのデザインです。

新しいビジネスの姿を表現する〝デザイン〟

出張申請を電子化する取り組みがあったとして、次のような要求事項があったとしましょう。

・出張申請は出張者本人から申請されなくてはならない
・申請は出張者が所属する課の課長が確認し、承認しなければならない
・出張費用が五万円以上の場合は課長の承認の上で、さらに部長の承認を得なければならない
・承認の結果は出張者に対して通知されなければならない

　ここでは「否認の場合」のような細かい条件は省略していますが、それでもこのままではどのようなプロセスの姿になるのかスムーズに理解することができません。しかし、これを図で表現すると、とても分かりやすくなります（図４－１）。

　これがいわゆる「業務フロー」です。ここには出張申請手順における新しい手順と役割分担が記述さ

4-1　出張申請フロー

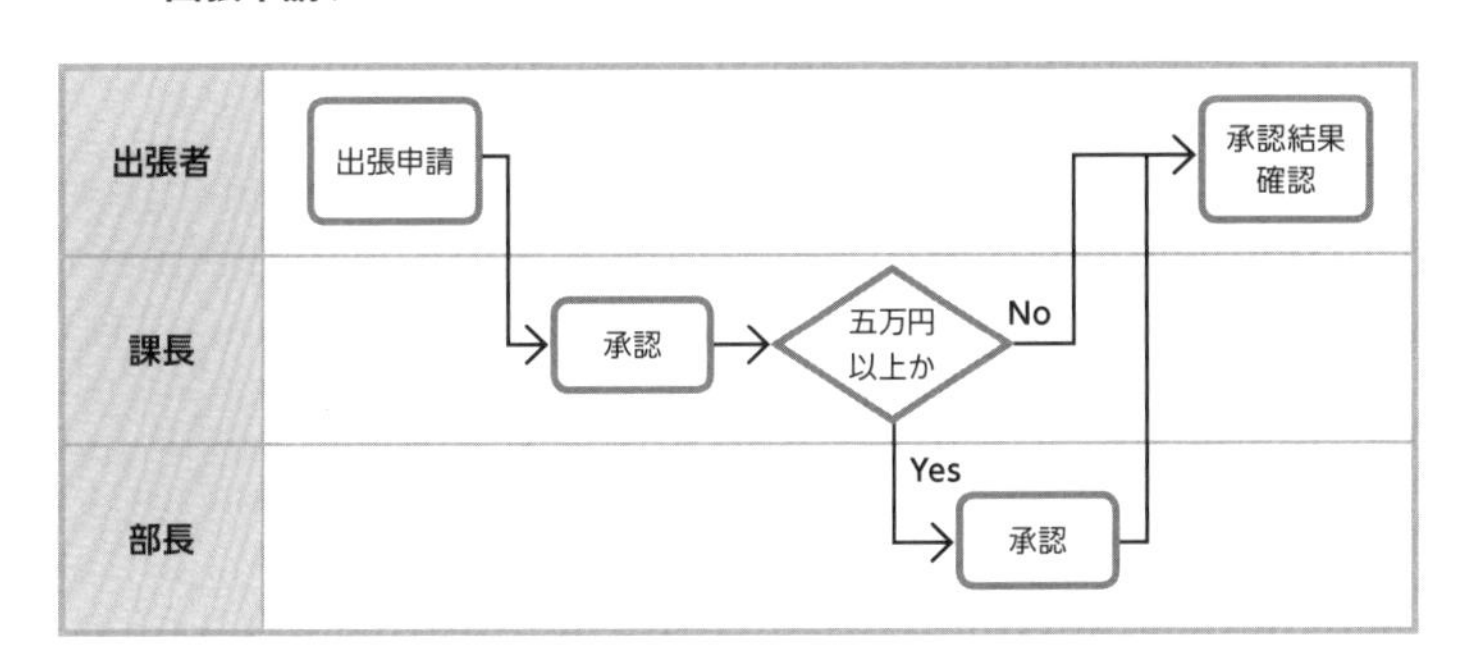

れています。このようにビジネスアナリストにとってのデザインとは、要求が実現されたプロセスの姿を分かりやすく表現することを指します。

ビジネスプロセスを構成する要素はさまざまですから、一つの書式だけではすべてを表現することはできません。ですからビジネスアナリストは一つのプロセスの設計でも、多くの書式を使いこなします。業務フローは業務の流れ（手順）と役割分担を記述することに長けていますが、複雑な判断基準を完結に表現するなら条件表（ディシジョンテーブル）を使った方が効果的です。またその際に使われる情報（データ）はデータモデルで書き起こしたりします。このような業務上の概念を図解で表現するテクニックを「ビジネスモデリング」といいます。ビジネスモデリングはビジネスアナリストがプロセスをデザインする際には、必須のテクニックです。

ビジネスアナリストはプロセス変革の過程で大変多くの文書を作成しますが、なかでも多いのがこのデザインの成果物です。業務フローはもちろん、組織図、帳票のイメージ、判断の条件表（ディシジョンテーブル）、データモデルなど、さまざまな文書を作りますが、これらはすべてデザインの成果物となります。このなかには画面モックアップやホワイトボードに書いたスケッチのように〝文書〟の形式ではないものも含まれるのですが、この本では便宜上これらのデザインの成果物をまとめて「デザイン文書」と呼ぶこととします。

分かりやすさこそがデザインの要

要求をデザイン文書に表現することの目的は二つです。一つはビジネスアナリスト自身がデザインを活用して要求を分析することです。要求を元にプロセスをデザインしていくと、どこかおかしな記述になってしまうことがあります。例えばディシジョンテーブルにありえない条件が登場してしまったり、業務フロー上で何か手順が抜けていたりといったことが見つかります。このように要求とデザインは〝にわとりたまご〟の関係でもあり、それぞれの観点を行ったり来たりしながら、より精緻な要求に落とし込んでいきます。

デザインのもう一つの目的は、デザイン文書を活用して取り組みの関係者と効果的にコミュニケーションを行うことです。ビジネスアナリストは要求を元の表現そのままに関係者と会話することはまずありません。例えば「見積書には明細ごとに項番、サービス名、単価、単位、数量、これらが掛け合わせて算出される小計が表示されなければならない」とか、「提案担当者が作成した見積書は顧客提出前に部門長に承認をされなければならない」と、言葉だけを並べられてもそれがどういうことなのか、うまくイメージできません。ですから、前者のような帳票に対する要求であれば帳票イメージとして図で表現しますし、後者のような業務の流れであれば業務フローのようなビジネスモデリングで表現します。これにより関係者が自分の要求が適切に反映されているか確認したり、何か要求に抜けがないかを察知しやすくしたりします(ただ、これも最終的には要求を精緻にするために行っているともいえます)。

このようにデザインには「要求をより完全なものにする」という役割と、「取り組みの関係者と効果的にコミュニケーションを行う」という役割があります。このことから、デザインでは〝分かりやすさ〟が大変重要となります。要求は分かりやすさ以上に網羅性と正確性が大切ですが、デザインはその時に自分が理解したいことや、相手に伝えたいことにフォーカスして、あえて余分な情報を削ぎ落としたり、複雑な事象を抽象化して表現したりします。このデザイン文書はコミュニケーションのツールという側面が強く、その場のコミュニケーションで伝えるべきことを無事に伝えることができたら、文書としての役割を終えるものも数多くあります。その点で、常にしっかり管理し、維持し続ける要求管理関連の文書と比べると性格が異なります。

要求管理とデザインの関係を木に例えるならば、要求管理はプロセス変革におけ

4-2　要求とデザインの関係

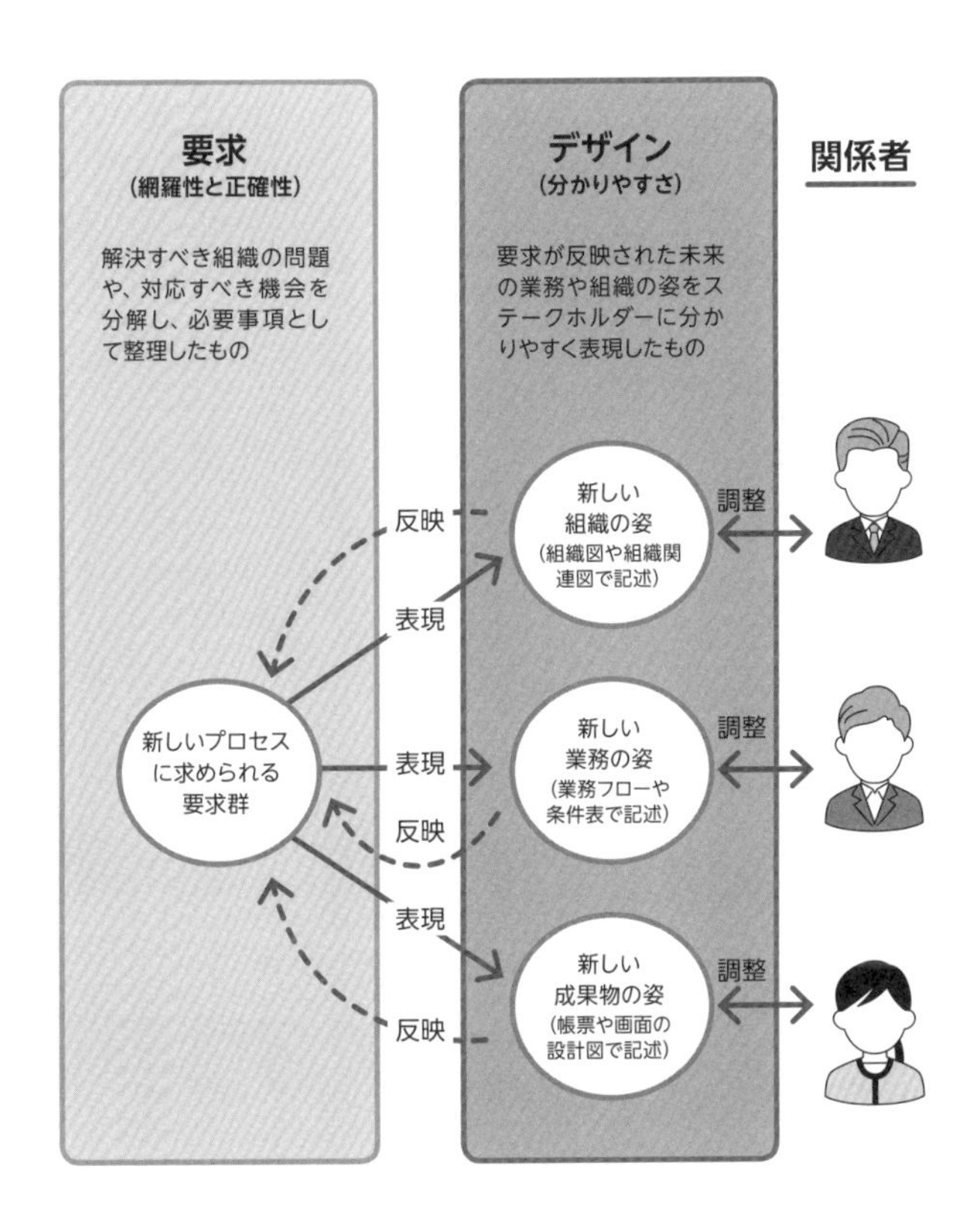

る〝幹〟にあたります。ビジネスアナリストはプロジェクトのライフサイクルにおいて常に要求の体系を維持し、次の工程に引き継ぐことを意識しています。その一方で、デザインは幹から伸びた〝枝〟や〝葉〟のようなものです。ビジネスアナリストから要求を説明される取り組みの関係者はもっぱらデザイン文書を介して要求を確認します。木を見ると枝葉ばかりが目に入るように、周囲からはビジネスアナリストはデザイン文書ばかり作っている姿が目立ちます。しかし、それぞれのデザイン文書の大本には必ず要求があり、デザイン文書を通して確認されたり、修正されたりした事項は必ず要求の体系にフィードバックされます。このように要求とデザインは切っても切れない関係であり、ビジネスアナリストは最終的に要求を精緻なものにするために、デザインにも大変多くの時間を割いています。

ファシリテーターとして皆の力を引き出す

ここまで説明したようにビジネスアナリストにとってのデザインとは、まずはさまざまなデザイン文書を作成することを指します。しかし本来は新しいビジネスプロセスの姿を創造することそのものが〝プロセスデザイン〟であり、文書化はその一部にすぎません。そして、この新しいビジネスプロセスの創造はビジネスアナリスト単独で行うことはできません。それは経営者やビジネス部門、そしてエンジニアといった幅広い関係者との議論を経て、皆で決めていくものだからです。そのため、ビジネスアナリストは関係者に議論に積極的に参加してもらうための〝場づくり〟も担います。デザイン文書はそのような場で、議論のたたき台を提示したり、皆の議論をまとめたりして、議論を効果的に進めるために活躍します。

デザインの工程においては文書の作成に割く時間以上に、関係者と新たなプロセスの姿について議論することに多くの時間が費やされます。この工程におけるビジネスアナリストは、新たなプロセスの方向性について各部門と自由に意見交換したり、エンジニアにソリューションにおける要求の実現性を相談したり、複数のビジネス部門の利害調整を行ったりと、常に人の間を走り回っています。デザインに従事するビジネスアナリストはプロセスのデザイナーであると同時に、プロセスを皆でデザインする場のファシリテーター（調整役）でもあります。このファシリテーションのスキルはビジネスアナリストにとって〝絶対必須〟ともいえる重要なスキルです。

相互理解を促進し、議論を前に進めるファシリテーターとして振る舞う

では、ビジネスアナリストはプロセスデザインの場でどのように振る舞っているのでしょうか。

ある不動産会社の基幹システム構築をお手伝いした時のことです。この取り組みは基幹プロセスの大変革ということで、さまざまな部門からその道三十年のベテランの方々がメンバーとして集まりました。この会社には消費者向けのマンション管理を行っている事業（BtoC）も、企業向けのオフィスビル管理の事業（BtoB）もあります。さらに、この会社は大手企業グループの一つなので、親会社やグループ会社向けの不動産管理を行う事業もあります。もちろんこの他の経理や人事といった管理部門もあります。

各部門からの一通りの要求の収集を終えると、それらの要求を新たなプロセスの姿にまとめるデザインの局面に入ります。要求の収集段階では各部門がまだそれぞれの考えを述べているだけなので比較的スムーズに進みますが、デザインの局面になると各部門がお互いの思い描く理想像をぶつけあい、場が混沌としてきます。この時もマンションや一般事業者向けの部門からすれば収支を細かく計算して営業方針を立てる機能は譲れず、グループ会社向け事業としては親会社への報告機能は絶対外すことが

できず……という具合で、各々がさまざまな要求を主張しました。このまま関係者が好きな主張をすると、相互の不信感が増してしまい、議論がまとまりません。

このような場において私たちビジネスアナリストは場のファシリテーターとなります。意見が異なるとはいえ、同じ企業で働いている仲間同士なので、取り組みの目標（ビジネス要求）をしっかり説明し、お互いの事情を理解した上で議論すれば自然と議論がまとまることは少なくありません。私たちはこのような相互理解のもと、議論が進むような場づくりに努めます。この不動産会社でも、はじめはお互いの理解が不十分で大変混乱した議論となっていましたが、私たちが間に入ってさまざまな働きかけを行うことで、最後は関係者の間で自然と議論が進むようになりました。

ファシリテーションの基本は「理解の仲介」と「議論のまとめ」

プロセスデザインの議論の場では、ビジネスアナリストは大きく分けて二つの役割を果たします。一つは「理解の仲介」です。これは、特定の人の意図を、それを知らない他の人が理解できるように説明することです。プロセスデザインの場に集う担当者の多くは、自分の意図を説明することに慣れているわけではありません。説明が分かりにくいだけならまだしも、背景を伝えずに要求だけを強く主張されても、聞いている側としては、主張そのものの意図がさっぱり分からないということも起きます。聞く側は相手の意図を十分に理解できないと、その人が〝わがまま〟を言っていると思えてしまい、このような感情的なしこりが生まれてしまうと議論は先に進まなくなります。

ビジネスアナリストはまず、その人が何を求めているのかを第三者がしっかり理解できるように翻訳します。主張に対する賛否を議論するのはその後です。特定の発言者が先走った主張をしてしまっていたり、話についていけていなさそうな参加者を見つけたりした場合は議論を一旦とめて参加者の理解状況を確認します。

この「理解の仲介」を担うためには言葉の理解力や説明能力に優れていることはもちろん、その場に集まる担当者の業務や要求を知っていなければなりません。基本的な用語の定義を一つ一つ確認することからはじまり、それぞれの関係者の関心事は何か、そして新たなプロセスをデザインする上で何が論点となるかを事前にしっかりと理解します。このような準備はすべてのファシリテーションの基盤となるため相当なエネルギーを使います。しかもビジネスアナリストの業務理解がプロジェクトの進捗阻害要因とならないように、素早く行わなくてはなりません。このような努力の結果、ビジネスアナリストは「業務の担当者よりもその業務に詳しい」と言われることすらあります。

「理解の仲介」と並んで大切なもう一つの役割が、「議論のまとめ」です。これは議論の帰結を関係者が理解できる形で表現することです。〝まとめ〟といっても必ずしも議論の最後だけに行うとは限りません。要所で議論を反映したプロセスの姿を関係者に共有して、皆の理解に間違いがないか確認したり、そこからさらに議論が必要な論点を見つけたりして、議論を先に進めていきます。

これを怠ると、実は結論の中に矛盾する事項が含まれていることに気づかなかったり、結論を誤解している人が出てきたりして、後で問題になります。ですからビジネスアナリストは、定期的に議論をまとめて業務の流れをフローに書き起こしたり、帳票のイメージを書いたりとさまざまな表現方法でその時点で想定されるビジネスプロセスの姿を書き表します。そして「あなたたちが要求している事項をデザインすると、このようなビジネスプロセスの姿になる」というイメージを投げかけ、そのなかで矛盾点や新たに登場した論点を明らかにし、議論を促進していくのです。このような議論結果のとりまとめは打ち合わせの後でしっかり文書化して確認することはもちろんですが、議論の内容が忘れられないうちに、打ち合わせの場でホワイトボードに書き表したりして参加者の合意をとることもあります。ですから図解表現を自由に操ることはビジネスアナリストにとって必須の能力となります。

このように「理解の仲介」と「議論のまとめ」という二つの役割を通してビジネスアナリストは場をコントロールします。人によって流儀は違うと思いますが、私たちは「これがあるべきプロセスの姿です」とはじめから答えを提示するようなやり方は避け、各部門の担当者が主体的に議論に参加できる場とすることを重視します。もちろんたたき台のプロセス案はしっかり用意しますし、あまりに場の議論が停滞するようならこちらの案を提示して議論をひっぱることもありますが、それは最後の手段です。誰でも自分が行う仕事を人に押し付けられたくはないものです。関係する部門の主体性がない形で導入されたプロセスは結局のところ現場の協力を引き出すことが難しくなり、定着に余計なコストがかかったり、目指したビジネス要求が達成できなかったりということにつながるからです。

多くのプロセスデザインの議論が上手く進まないのは、お互いのことを知らないためです。私たちは「思い込み」「誤解」「説明不足（情報不足）」といった相互不理解の種を取り除き、関係者がお互いに双方の最低限の要求を満たせる着地点を見つけることができるよう相互理解の実現に努めます。

相手の心情を理解して寄り添う姿勢も大切

ビジネスアナリストがファシリテーターの役割を担う上では、相手がなかなか言葉に出すことができない不安や懸念点を理解するための、共感性が必要になることもあります。

ある基幹システムの刷新プロジェクトを進めていた時の話です。営業部の部長Aさんは企画から要件定義フェーズに至るまで、ずっと「現行システムでできることはすべて新システムでもできるようにしてほしい」の一点張りでした。しかし、プロジェクトのビジネス要求に照らすと、営業部の現行業務には見直す余地が十分にあったため、プロジェクトを管轄していたIT部門とAさんは当然のごとく衝突しました。

要求を決める会議では両者ともにお互いの主張を言い合うだけで、一向に話が進みません。そこで支援に入ったビジネスアナリストがAさんに「どうしてそんなに現行機能の維持にこだわるのですか?」とじっくり話を聞いてみたところ、そこにはある不安があったのです。Aさんの部下の多くはAさんが部長になる前から営業部に所属し、今のシステムを導入してから10年以上同じ仕事のやり方を続けているベテランたちでした。部下ほど業務に精通していないAさんは、システム機能の変更を部門内で上手くまとめる自信がなかったのです。とはいえAさんとしては忙しい部下の時間をプロジェクトに使うことにも抵抗があり、悩んでいたというわけです。

Aさんの主張の背景がわかったので、ビジネスアナリストはAさんの懸念に配慮して、なるべく時間をとらないように心がけながら、営業部のメンバーを巻き込んだ議論の場を設けました。そこでは「システム操作は変わるが、業務上の変更点はそこまで大きくない」「現行機能から削るものについてはその必要性がないか代替手段がある」といったことを軸に、ベテラン社員の意見も取り入れつつ運用イメージを共有し、安心感を持ってもらうように努めました。そのうちAさんの部下からも「これなら大丈夫そうだ」という反応が見られ、Aさんは現行維持の意見を取り下げ、プロジェクトチームは要件定義フェーズを進めることができるようになりました。

どのような組織でも、意見があっても言い出せなかったり、説明が上手くないため発言をためらってしまったりする人がいます。ビジネスアナリストとしては、このような人の意見も引き出していかなくてはなりません。また、あまり好ましいことではありませんが、部門によっては組織風土として、意見を言いにくい雰囲気があることもあります。私たちは各部門から中立の立場であることを活用して、このような雰囲気の中でも関係者が気兼ねなく意見を引き出せるように心がけています。

ビジネスプロセスのデザインは、多くの関係者の想いをインプットに進んでいきます。ビジネスアナリストとしてはどのような相手であっても、まずはその人の意見を丁寧に聞き、相手の真意をしっかり理解することが大切です。多くの場合、何か無理な主張をする人にはその人なりの事情や、取り組みに対する誤解などがあるので、それらを理解して可能な限り納得して取り組みに協力してもらえるよう働きかけます。ファシリテーターとして活動するビジネスアナリストには、高い共感性が必要になるのです。

時には毅然と「NO」を言うことも

このように相手に寄り添う姿勢がビジネスプロセスデザインの場におけるコミュニケーションの基本ですが、時には相手を説得して考え方を変えてもらうこともあります。取り組みを進めていると、時にルールを逸脱した要求を主張する人も現れます。ソフトウェア業界の代表的な〝あるある〟として「ワークフローの一括承認ボタン」という話があります。経費申請や見積申請など、何かの申請を上司が確認して承認(決裁)する仕組み、いわゆるワークフローの導入を進めると必ず出てくる要求が「承認対象の案件リスト画面に〝一括承認〟ボタンをつけてほしい」というものです。これは申請の内容を一回一回、個別の画面を開いて確認するのは面倒なので、確認対象の案件がリスト表示される上位階層の画面で、承認対象の案件を一括で選択して一度に承認するボタンがほしいということです。本来、上司は個々の申請内容の妥当性をしっかり確認した上で承認を行う必要がありますから、このような機能は内部統制の考え方から完全に逸脱しています。当然ですがビジネスアナリストとしては、このような要求には毅然と「NO」を言う必要があります。

ただ、ビジネスアナリストは基本的に要求の確定やソリューション導入に関する決定権限は持ちません。それはオペレーション部門の管理職や取り組みのオーナーとなる経営者の役割です。ビジネスアナリストは、職位に紐づく公式な権限や権威からではなく、ビジネス要求に基づく取り組みの妥当性や、ビジネスプロセス全体をふまえた広い視野・視点からくる合理性によって、相手を説得していく必要があります。

このように、ビジネスアナリストにとってのプロセスデザインとは、コミュニケーションを通して人々の想いをビジネス要求達成のために集約していく活動であり、その成果が新たなビジネスプロセスの姿となるのです。

ビジネスアナリストはピープルビジネス

さて第三章から第四章にわたって「要求管理」と「デザイン」という軸でビジネスアナリストの仕事を見てきました。ビジネスアナリストの仕事はデータとにらめっこをしたり、要求文書のような資料を作成したりと、とても技術的な仕事のように捉えられることがあります。ですが、ビジネスアナリストの仕事の中心には常に人とのコミュニケーションがあります。また、その関わり方も、議論を力強くリードするというよりも、多くの関係者の相互理解を促すという〝縁の下の力持ち〟的な役回りです。

当然ですが、ビジネスアナリストは自分のビジネスに対するアイデアも反映していきます。その意味でビジネスアナリスト自身もプロセスデザインに集うデザイナーの一人でもあり、決して人々のアイデアをただ整理しているだけではありません。しかし、ビジネスというのは大変複雑な仕組みであり、多くの関係者の協調で実現されているものです。一人の人がすべての要素を理解しきるなどということは、小規模事業ならともかく大半のビジネスでは不可能です。ですから、ビジネスアナリストは社内外の多くの人の間で走り回るわけです。

市場ではデジタル技術の導入が盛んですが、そこではさまざまな問題が起きます。そのなかには「技術に起因するトラブル」と「人や組織に起因するトラブル」がありま す。技術に起因するトラブルというと「新技術への理解が不足しており、想定した効果が出なかった」「新技術のリスク評価が不十分で、思いがけない事態が起きた」「候補となる技術が多すぎて、適切な選定ができない」といったものが代表例でしょう。

一方で、人や組織に起因するトラブルというと「目指す成果（ビジネス要求）が合意されていない」「取り組みの関係者がお互いの業務を理解していない」「各部門の担当者の変化への抵抗感が強い」「全体の目標よりも各部門の利害を優先してしまう」といった例があります。

この二つのトラブルを比べると、私たちがデジタル化の取り組みを進める過程では、技術に起因するトラブルよりも、圧倒的に人や組織に起因するトラブルに多く遭遇します。しかも技術に起因するトラブルは事前の調査や検討を怠りなく行えば回避可能なことが多いのに対して、人や組織に起因するトラブルは人の感情や組織に根付いた長年の慣習に起因しており、正論で物事を進めればすぐに解決するものではありません。そのためトラブルの解決にはより難しさを伴います。

「私たちの仕事はピープルビジネス」

これは海外のビジネスアナリストとの会話の中で出てきた言葉です。市場では新しい技術に注目が集まっており、確かに私たちビジネスアナリストもその導入の一翼を担う役割です。それでもなお、ビジネスアナリストは人々の中に身をおいて、人を支えるのが仕事です。ビジネスアナリストがデザインするのは人々のコミュニケーションの場そのものであり、新しいビジネスプロセスはそのコミュニケーションの輪の中から生まれてきます。その意味で私たちの仕事は〝テクノロジービジネス〟ではなく〝ピープルビジネス〟なのです。

コラム

ビジョンを組織に浸透させるチェンジマネジメント

この本ではビジネスアナリストがプロセス変革の上流工程で活躍する姿を中心に描いています。しかし実際のビジネスアナリストはプロジェクトのライフサイクル全体でさまざまな役割を担います。そのすべてを紹介することはできないのですが、ここではプロジェクト終盤でのビジネスアナリストがチェンジマネジメントに携わる姿をピックアップして紹介したいと思います。

ビジネスアナリストに必要となるチェンジマネジメントのノウハウ

プロセス変革とはただプロセスをデザインし、それを支えるデジタルソリューションが導入されれば完了というものではありません。変革の影響を受ける関係者に、その必要性と新しいプロセスの姿を理解してもらい、企業のオペレーションが完全に新プロセスに移行してはじめて完了です。ですから変革プロジェクトに際しては、現場の新オペレーションへの移行を支援する必要があり、多くの場合はビジネスアナリストがこれを担当します。このような組織を変化に適応させる手法を「チェンジマネジメント」といいますが、ビジネスアナリストにはこの手法への一定の理解が必要になります。

チェンジマネジメントを担当するビジネスアナリストは主に二つの顔を持ちます。一つは〝トレーナー〟としての顔で、これは新しい業務の説明会や教育、業務マニュアル（システム操作マニュアル）の提供などを通して、業務担当者が新しい仕事にスムーズに適応できるよう支援する役割です。ビジネスアナリストはプロセスデザインの過程でビジネス部門とのつながりがあり、現行業務もしっかり理解しているわけですから、うってつけの役割です。このような技術的な内容を効果的に説明するための作業を一般に「テクニカルコミュニケーション」と呼び、ここでもデザインのテクニックが大活躍します。

そして、ビジネスアナリストに求められるもう一つの顔が〝プロモーター〟としての顔です。プロモーターとは推進者や促進者といった意味で、関係者が企業の目指す変化の姿を理解し、納得した上で新しい業務を受け入れることができるように支援する役割です。先ほどのトレーナーが技術的な面から新しいプロセスに適応できるよう働きかけるのに対して、プロモーターは人間心理に訴えかけ、抵抗感を軽減したり、変化に前向きな意識を形成したりします。第四章では変化に不安を抱く社員の心情を理解し、不安を和らげる対話を行うことも、ビジネスアナリストの役割の一部だと説明しましたが、これはビジネスプロセスデザインだけでなく、チェンジマネジメントでも強く必要とされることです。

チェンジマネジメントで働きかける相手は、影響を受けるすべての人

チェンジマネジメントにおけるビジネスアナリストの役割は、プロジェクトの上流工程における役割とは大きく異なる部分があります。プロセスデザインの過程におけるビジネスアナリストのコミュニケーション対象者は比較的少数です。少数といっても日常的なコミュニケーション先が何十人にもなることは珍しくないのですが、チェンジマネジメントにおいてビジネスアナリストが接する人の数はこの比ではありません。大規模な取り組みでは新プロセスの影響を受けるオペレーション担当者が数千人から数万人となることもあります。ですからチェンジマネジメントでは、取り組みの影響を受けるさまざまな人々を意識したコミュニケーションスキルが必要となります。

このことから海外ではチェンジマネジメントを担当するビジネスアナリストを、ビジネスアナリストチームの中でも特に独立したチームとしている企業もあります。ある北米の巨大製造業では大規模なチェンジマネジメントチームを設置しています。チームのメンバーは大学でコミュニケーション理論を専門に学んだ人たちで構成されており、一定以上の規模の変革では必ず登場します。電子メールや会議での説明、eラーニングといった通常のコミュニケーション手段だけでなく、冊子を作って配ったり、ポスターを貼ったり、さらには各地域の拠点をまわって大がかりなイベントやパーティーなども

行いながら取り組みの意義を説きます。このためにチームメンバーは自分自身の判断で執行できる予算を持っているとのことでした。一連のキャンペーンの結果として社員がどれだけ取り組みの意義を理解したか調査を行い、この結果が各自の評価指標となるそうです。

北米のビジネスアナリストと話した際には、このようなチェンジマネジメント専任のビジネスアナリストを置いているという企業が何社かありました。なおAPQC[※1]が2018年に行ったチェンジマネジメントに関する調査では、半数近い企業が「専任（フルタイム）のチェンジマネジメント担当者がいる」と回答しています。[※2]

このようにチェンジマネジメントは、ビジネスアナリストに求められる専門性の中でも少し特殊な領域であり、すべてのビジネスアナリストが必ずチェンジマネジメントに

※1…APQC（American Productivity and Quality Center）は米国に拠点を置くビジネスプロセスマネジメントに関する方法論や調査結果を提供する団体で、ビジネスプロセスマネジメントのコミュニティにおいては一定の認知があります。
※2…APQC「MEASURING THE CHANGE GAP Survey Summary Report（2018）」より。この調査では197の回答数のうち46・6％の企業が専任のチェンジマネジメントの担当者がいるとしています。

携わるとはいえないところもあります。ただ、専門的なチェンジマネジメントチームを持っていない企業はまだ多く、こうした企業ではプロセスの設計に携わるビジネスアナリストがそのまま何らかの形でチェンジマネジメントにも携わるのは日常の風景です。

どんなに素晴らしいビジネスプロセスやデジタルソリューションを実装しても、それが現場に定着して使われなければまったく意味はありません。チェンジマネジメントのような現場展開の仕事は軽視されがちですが、最終的にビジネス要求の達成を決めるのはこのような活動の成否であったりもします。ですからビジネスアナリストにとってこれらは決しておろそかにできない仕事なのです。

第五章

ビジネスアナリストを育てる

はじめの三年をどう過ごすか

どのようにビジネスアナリストを育成するのか、おそらくそれは、私たちが最もよく聞かれる質問でしょう。ビジネスアナリストの育成は世界的なホットトピックです。デジタル活用の流れから、近年国際的にニーズが急増しているためです。米国労働統計局によると米国では２０２０年までに87万６０００人のビジネスアナリストが必要になるといわれており、実際に求職サイトでも求人は増加傾向にあります。このような背景から、ビジネスアナリストが普及している諸外国では、彼らを採用・育成していくための組織能力の獲得が急務になっています。この章では、組織的なビジネスアナリスト育成を行っている欧州企業の事例も交えながら、ビジネスアナリストの育成について解説していきます。

スキルの獲得には理論と実践のバランスが大切

人材育成を考えるためには、まずビジネスアナリストに必要なスキルを理解することからはじめましょう。図５－１はビジネスアナリシスの知識体系集であるＢＡＢＯＫに書かれているビジネスアナリストに求められるスキルです。これによるとビジネスアナリストのスキルには大きく六つのエリアがあります。

これら六つのスキルのうち「行動特性」「分析的思考と問題解決」「コミュニケーションのスキル」「人間関係のスキル」の四つは、対人関係や思考能力に関するスキルで、一般にソフトスキルと呼ばれるものです。対して「ビジネス知識」「ツールとテクノロジー」の二つは手法や知識に関するスキルで、一般にハードスキルと呼ばれるものです（テクニカルスキル、ないし技術

※1…BABOKではこれらを「基礎コンピテンシ」と呼んでいます。コンピテンシとは「高い業績（成果）をあげる人材の観察から見出される行動特性」のことで、個人の中に内在する能力がスキル、そのスキルを適切な場面で活かして成果に転換できる力がコンピテンシというのが正確な表現ですが、ここでは分かりやすさを考慮してあまり区別せずに使っています。

5-1　BABOK（v3）における基礎コンピテンシ※1

行動特性	分析的思考と問題解決	コミュニケーションのスキル
● 倫理 ● 個人的アカウンタビリティ ● 信頼感 ● 仕事の整理と時間管理 ● 適応力	● 創造的思考 ● 意思決定 ● 学習 ● 問題解決 ● システム思考 ● 概念的思考 ● ビジュアル思考	● 言語コミュニケーション ● 非言語コミュニケーション ● 文書コミュニケーション ● 傾聴

人間関係のスキル	ビジネス知識	ツールとテクノロジー
● ファシリテーション ● リーダーシップと影響力 ● チームワーク ● 交渉による衝突解消 ● 教えるスキル	● ビジネス感覚 ● 業界の知識 ● 組織の知識 ● ソリューション知識 ● 方法論の知識	● オフィス生産性のツールとテクノロジー ● ビジネスアナリシスのツールとテクノロジー ● コミュニケーションのツールとテクノロジー

凡例　ソフトスキル　ハードスキル（技術スキル）

スキルと読み替えることもできます）。このように見ると、ビジネスアナリストに求められるスキルの半分以上がソフトスキルです。

すでに解説してきたようにビジネスアナリストの仕事の根幹はコミュニケーションにあります。その点からBABOKのスキル体系を見てみると、「行動特性」はコミュニケーションの前提となる、相手からの信頼を得るために必要な資質です。「分析的思考と問題解決」は相手の意図を正しく理解し、情報を正しく理解・分析する、そして相手に物事を分かりやすく説得力を持って説明するために活用します。「コミュニケーションのスキル」や「人間関係のスキル」がコミュニケーションの上で、大切であるということについては、もはや説明はいらないでしょう。

ビジネスアナリストが働きかける相手は〝人〟です。この点で、ソフトウェアプログラムや製品、設備といった〝モノ〟を作り上げるエンジニアとは要求されるスキルの特性が異なります。エンジニアリングでは技術力が絶対です。構文のルールに沿っていないプログラムは動きませんし、技術の規格から外れた製品は成り立ちません。ですからプログラミングや機器設計のノウハウといった技術スキルがより重みをもちます。一方で、人が相手のビジネスアナリストの世界では論理性や技術力は当然必要ですが、絶対ではありません。最後は伝えるべき相手がこちらの意図を理解し、行動してくれなければ意味をなさないからです。ですから他の職種と比べてもソフトスキルに重点が置かれるのです。

ソフトスキルは決して〝生まれながらの資質〟ではない

ソフトスキルは身に付けることが難しいと考える人は少なくないようです。その人自身のパーソナリティや生まれつきの才能といった〝資質〟に起因するもののように思われてしまうこともあります。確かにソフトスキルのなかには「システム思考」や「創造的思考」など、一見、どうやって習得すればいいのか頭を抱えてしまうものもあります。しかし、職業的に求められるレベルのスキルは、訓練で十分に習得可能です。

ソフトスキルとは、平たくいえば「ある状況下でどのように行動したり、会話したりするとより良い結果を生み出すのか」「どのような思考の癖をつけると、物事を正しい方向で考えられるのか」といった、状況に応じて適切な行動・会話・思考をできる能力を指します。この能力は、どれだけ多くの「起こりうる状況」と「適切な行動・思考パターン」を知っているかによって養われます。ソフトスキルを学ぶことが難しいのは、資質の問題よりも、それが知識として詰め込むことだけでは形成できないスキルだからです。

ソフトスキルの習得には原理や理論を座学で学ぶOff－JTと、現場経験から学ぶOJTのバランスがとても大切になります。最終的に物をいうのは場数で、OJTであらゆる状況や判断のパターンのシャワーを浴びつつ、Off－JTも活用して理論の面からもそれらを理解することを繰り返すことでスキルを習得していきます。また、自分だけでは自身の行動・会話・思考のパターンを客観的に把握することは難しいため、誰か自身の振る舞いを観察して、適切なフィードバックをしてくれる先輩（スーパーバイザー）を必要とします。ですからソフトスキルを育成するためには一時期に知識やテクニックだけを詰め込むのではなく、長い目線でOJTと定期的なOff－JTを組み合わせた体系的な育成プログラムを提供することが必要になります。

すべての活動の基本となるハードスキル〝ビジネスモデリング〟

さて、ビジネスアナリストに必要となるハードスキルにも目を向けてみたいと思います。BABOKで語られるハードスキルは大きく二つのカテゴリに分けられます。

まず「ビジネス知識」は、「ビジネス感覚」「業界の知識」「組織の知識」「ソリューション知識」「方法論の知識」の五つの知識エリアで構成されています。語感からイメージは湧くと思いますが、ビジネスの一般常識からはじまり、業界やそれぞれの企業組織、さまざまなソリューション、そしてプロセス変革やシステム開発の方法論をどれだけ理解しているかといった知識を指します。

そしてもう一つの「ツールとテクノロジー」は、業務フローを記述する際に使うモデリングツールや、ワードやエクセルなどのOAツール、テレビ会議のためのコミュニケーションツールの取り扱いに関するスキルを指します。ここでいう「ツールとテクノロジー」はビジネスアナリストが職務遂行上で直接操作するものを指しており、プロセス変革のために適用するソリューションとしてのツールやテクノロジーは「ビジネス知識」の「ソリューション知識」に入ります。

ハードスキルにはさまざまな種類がありますが、そのどれが必要かはビジネスアナリストの活動領域によって異なります。すでに紹介した通り、今のビジネスアナリストの活動領域は幅広く、その領域が異なれば当然求められるスキルも異なるのです。ただ、そのような中でもビジネスアナリストであれば共通で必要となるハードスキルがあります。その代表例が第四章で紹介した「ビジネスモデリング」です。ビジネスモデリングとは、業務や組織といった概念的な事項を可視化して、図として表現するテクニックを指します。

ビジネスを構成する要素にはさまざまな観点があります（図5-2）。ですから、特定のビジネスプロセスのすべてを一つの書式で表現しきることは不可能で、表現したい要素に着目したさまざまな文書でこれを作成します。ビジネスアナリストに求められるハードスキルとしてまず浮かぶのは、このような各種のモデリング技法です。

モデリングにはさまざまな手法がありますが、いくつかは国際的に標準モデリング技法が確立されています。例えば業務フローの記述[※2]であれば「BPMN(Business Process Modeling Notation)」という記述方法がありますし、業務ルール(判断条件)の記述であれば「DMN(Decision Modeling Notation)」や「Q-COE(Q-Chart)」といった記述方法があります(図5-3)。

5-2 ビジネスアナリストが可視化する要素

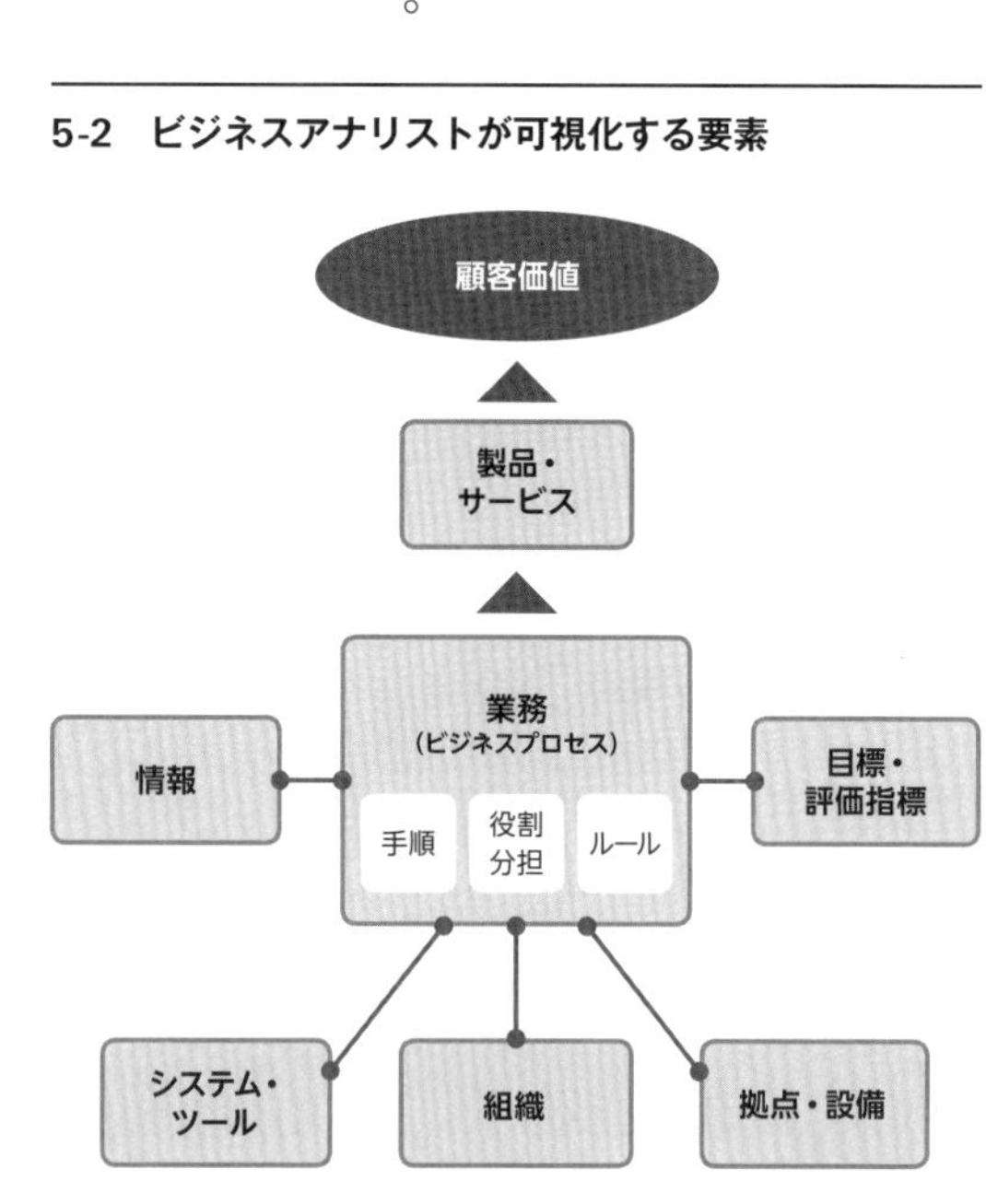

この標準モデリング技法と似たもので、ビジネスアナリストが多用するテクニックに各種のフレームワークがあります。業務の要素、企業を取り巻く環境、業務上の問題を分析したり整理したりする際の観点を示してくれるもので、SWOTやロジックツリーなどは皆さんもご存じかと思います。[※3] 複雑に絡み合う情報を整理し、分かりやすく相手に伝えるためにモデリングと合わせて活用します。

このようにビジネスモデリングやフレームワークを駆使して、本来は見えないビジネスプロセスの各要素や、業務の問題を可視化していくことが、ビジネスアナリスト共通の基本的なハードスキルとなります。ビジネスアナリストは自分が表現したい要素を明確にした上で、最も適したモデリング技法やフレームワークを選択します。もし標準的な手法が存在しない場合は、既存の手法を参考にしつつも新たな表現方法を考えることもあります。こうして、コミュニケーションをとる相手の理解度や立場を考慮しながら、相手が理解できる形でビジネスプロセスをデザインしていくのです。

※2…業務の流れを記述する業務フローは英語では一般に「Business Process Model」、もしくはより簡単に「Process Model」などと呼ばれます。なお「Workflow」と表現するとワークフローツールのようなITソリューションに近いニュアンスになりますが、この本では一般になじみが深いと思われる「業務フロー」という呼び方を使っています。

※3…SWOTは自社の事業を「強み」「弱み」「機会」「脅威」の四つの視点から分析する手法、ロジックツリーは一つの要素を分解していくことで構成要素の全体像を説明するための手法です。

5-3　多用されるモデリングテクニックの例

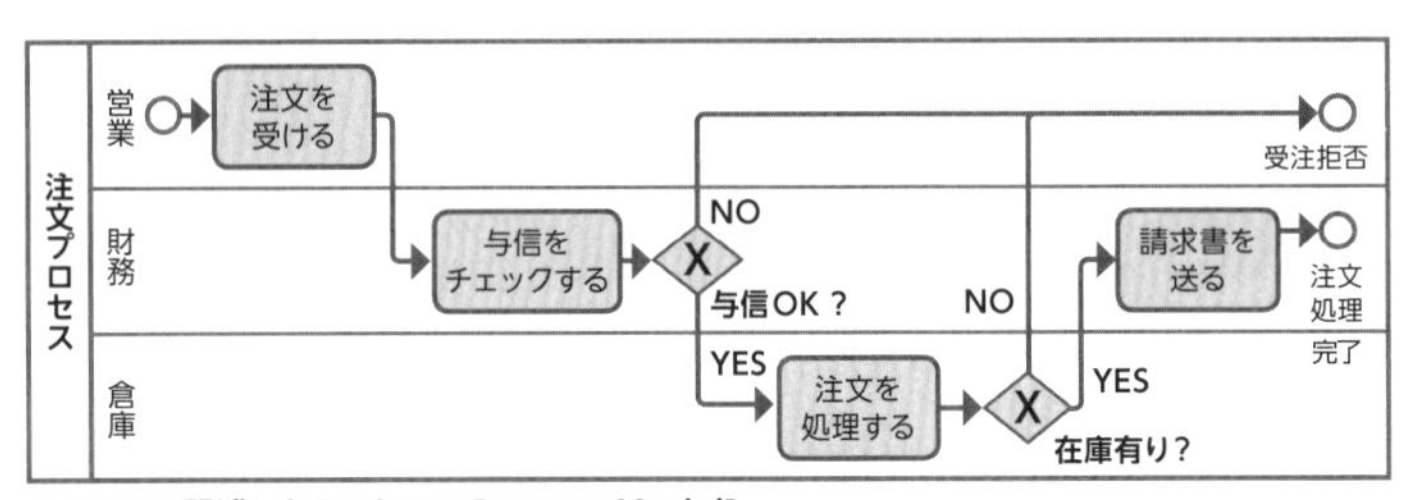

[BPMNで記述したBusiness Process Model]

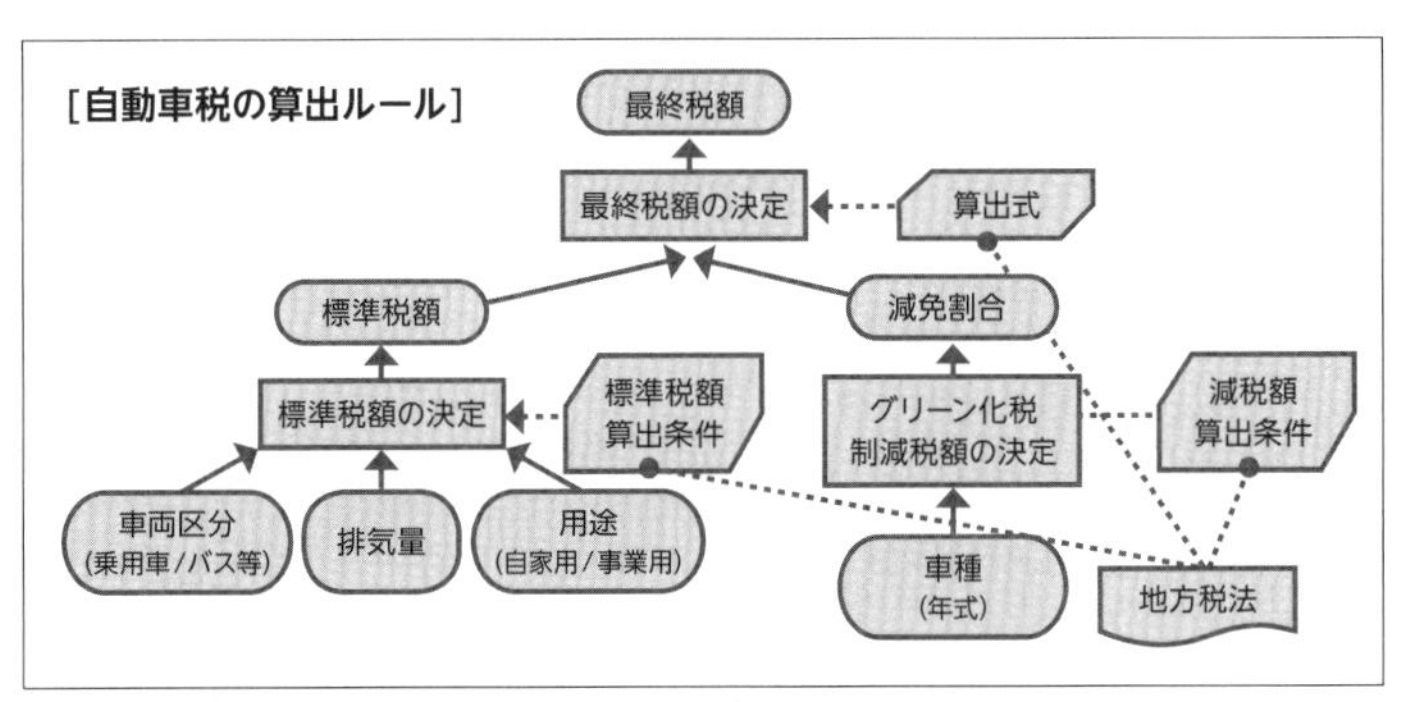

[DMNで記述したDecision Requirements Diagram]

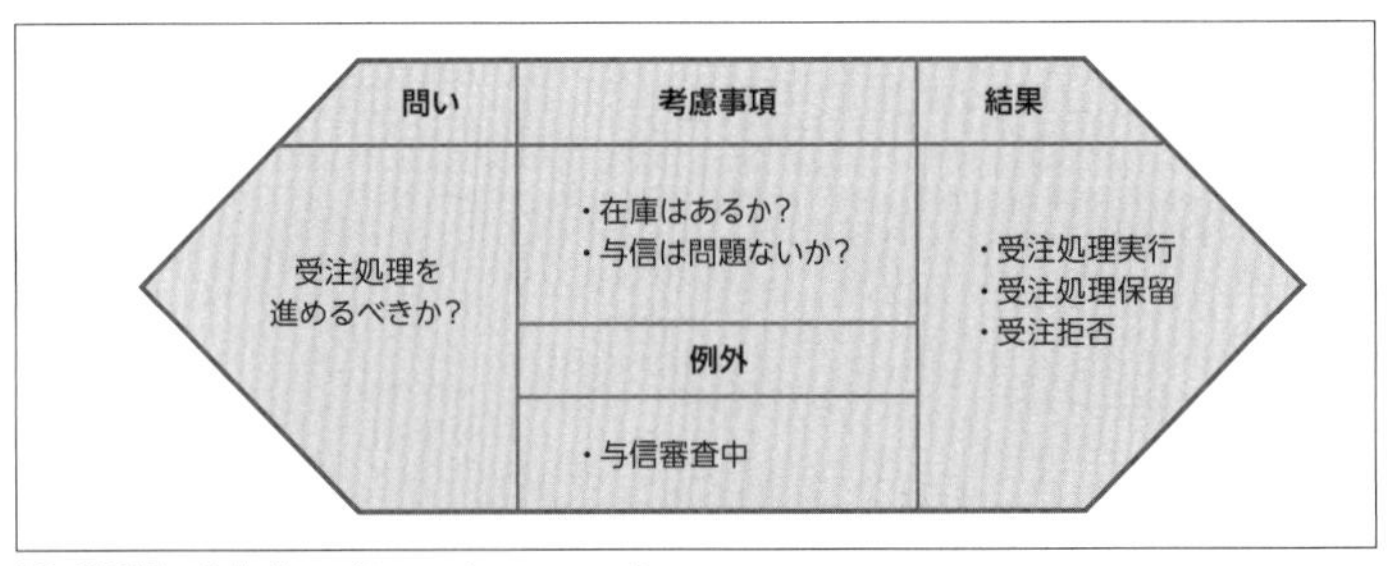

[Q-COE]　出典：http://www.brcommunity.com

どのような役割でも必須になりつつあるデータ分析のスキル

ビジネスモデリングが昔からあるハードスキルだとすれば、近年注目される新しいハードスキルがデータ分析です。ビジネスアナリストの中には、ビジネスインテリジェンスアナリスト（BIA）のようなデータ分析を専門とするビジネスアナリストもいますが、基礎的なデータ分析のスキルはすべての領域のビジネスアナリストに求められつつあります。

例えば知人の食品大手のネット通販部門で働くビジネスアナリスト（ファンクショナルビジネスアナリスト）は、データ分析を活用した物流コストの最適化に従事しています。商品を梱包する段ボールのサイズと配送コストの相関関係を分析し、商品ごとに配送コストが最も安くなる段ボールの組み合わせを見つけ出したり、過去の発注データと受注データを分析して在庫量を適正に保つことができる最適な発注ロット数を分析して発注部門に働きかけたりします。このようなデータ重視の流れは、調達や生産、マーケティング、ITサービスなど、多くの業務領域に広がっています。これらの領域では、プロセスの改善はビジネスアナリスト、データの分析はデータアナリストといった線引きはあまりありません。定性的な側面からだけでなく、データからも問題を見つけ出し改善策を考えた上で、社内の関係者に働きかけてプロセスの実装まで一気通貫で行うことができる人材をビジネスアナリストと呼ぶことが多いようです。

もちろん、ビジネスアナリストの持つデータ分析の能力は、専門職であるデータサイエンティストにはかないません。ただ、高い数理的な素養が求められるデータサイエンティストは、企業においてとても貴重な存在です。また、彼らの能力の中心はデータ分析であり、その多くはビジネスアナリストのような企業の変革活動全般を広く担うような訓練は受けていません。このため先進的なデータ活用の取り組みをしている企業では、難易度の低いデータ分析はビジネスアナリストが担当し、データサイエンティストをより高度な分析に集中できるようにしています。

今はまだデータ分析スキルの浸透は途上の段階ですが、そう遠くない将来にすべてのビジネスアナリストに必要なスキルとして、基本的なデータ分析スキルとデータサイエンティストと連携するスキルが加わる可能性は高いでしょう。このような動きを見越してか、IIBAはビジネスアナリスト向けのデータ分析の資格試験を開始しています。[※4]

さて、この本ではビジネスアナリストのハードスキルとしてビジネスモデリングと、データ分析を取り上げて紹介しました。その他のハードスキルについては第一章のコラムで説明したビジネスアナリストの種類ごとの特性を表5-4にまとめましたので参照ください。

5-4　ビジネスアナリストに求められるハードスキルの例

ビジネスアナリストの種類	必要とされるハードスキルの例
ビジネスシステムアナリスト(BSA)	・ソフトウェアの動作原理や設計手順への理解 ・データモデルのようなソフトウェア導入に特化したビジネスモデリングスキル ・ソフトウェア開発方法論(ウォーターフォール開発/アジャイル開発)への理解
ファンクショナルビジネスアナリスト	・担当業務領域に特化したビジネスプロセスへの深い理解 ・担当業務領域で頻出する専用ソリューションへの理解 ・担当業務領域に関連する法規制や業界慣行、市場動向への理解
プロダクトアナリスト	・市場動向や顧客期待を理解するためのマーケティング関連のテクニック(例：カスタマージャーニーマップ) ・ビジネスモデルを立案するためのテクニック(例：ビジネスモデルキャンバス／バリュープロポジションキャンバス) ・アジャイル開発への理解(この領域はアジャイル開発で進めることが一般的なため) ・サービスの状況を理解するための基本的なデータ分析のスキル
エンタープライズビジネスアナリスト	・自社の各業務機能を横断した幅広い知識、ビジネスプロセス全体の理解 ・製品やサービスの強み、顧客の期待といった自社の事業戦略に関する理解 ・デジタルソリューションを含む戦略実現のためのソリューション候補に対する幅広い知識(役割上、さまざまなビジネスアナリストが持つ能力を幅広く求められる)
ビジネスアーキテクト	・自社の製品やサービスの強み、顧客の期待といった自社事業戦略に関する理解 ・事業構造管理の方法論(ビジネスアーキテクチャ)への理解 ・複数のプロジェクトを統合的に管理するプログラムマネジメントのスキル
ビジネスインテリジェンスアナリスト(BIA)	・データから改善点を見つけ出す分析スキル ・統計などの数理的な理解 ・各種のデータ分析ツールの活用スキル
ハイブリッドビジネスアナリスト	・特定のソリューションの導入スキル ・特定のソリューションが適用される業務領域の知識 ・特定のソリューション領域の動向に関する知識

※4…ＵＢＤＡ（Certification in Business Data Analytics）：https://www.iiba.org/certification/specialized-business-analysis-certifications/business-data-analytics-certification/

ビジネスアナリストチームを一から立ち上げるステップ

さて、一通りビジネスアナリストのスキルを理解したところで、これまでビジネスアナリストを置いていなかった企業が、どのように育成に取り組んでいけばよいのかという話題に移りたいと思います。

ビジネスアナリストは内部で育成しなければ即応性を満たせない

日本ではビジネスアナリストをコンサルティング会社のような外部の専門サービス会社に頼る傾向があり、人によっては内部で育成するよりも、外部のサービスを活用する方が良いという人もいます。

ビジネスアナリスト育成の難しさは、その仕事が実務経験によって培われるソフトスキル中心となっていることです。多くの変革プロジェクトに参画し、周囲の先輩たちの振る舞いから学んだり、先輩や上司からフィードバックを受けたりする過程で徐々にスキルと知識を習得し、見習から一人前のビジネスアナリストに成長していきます。ですからさまざまな環境で経験を積むことが必要です。

このような環境は、企業変革を支援するコンサルティング会社やシステム開発会社の方が整っていることは事実です。まずお客様企業の支援を通して変革を経験する場が豊富にあり、このなかでお手本となりフィードバックをくれる先輩が多数います。また、こうした企業では社員に対する教育プログラムとして、企業オペレーションやデジタルソリューション導入の方法論などを学習できる場が用意されています。さらに、社内に過去の事例やさまざまなノウハウが蓄積され、気軽にアクセスできるようにもなっています。このような環境があることで、未経験者でもスピーディーにビジネスアナリストとして成長できるのです。そうなると、ビジネスアナリストはやはり内部で育成するよりも、外部人材を活用すれば良いのではないかとも考えてしまいがちです。

しかし私たちは、それでもビジネスアナリストは外部から借りるものではなく、企業内部に所属して活躍すべきだと考えます。内部人材が必要な最大の理由は、外部人材だけの体制では変化への即応性が低くなるからです。外部人材は自社の業務や人間関係、意思決定の文化といったことを理解しているわけではありません。ですから取り組みに配属された後に時間をかけて学ぶことになります。

その会社の業務やシステムについて学ぶことも大変ですが、それ以上に大変なのが社内で人間関係を構築することです。実際、このようなお客様の組織や文化への適応は、私たち外部のビジネスアナリストがお客様を支援する際に最も苦労することです。さらには施策の決定権限も情報へのアクセス権限も外部人材は限られます。そして、外部人材は取り組みが終われば契約終了となりますから、培った業務知識や人間関係は継続しません。

このように学習コストとノウハウの継承という両面で考えた場合、内部人材としてビジネスアナリストを置かなければ「変化に即応する」という本来のビジネスアナリストを置く意義を満たせないのです。さらにいえば、内部に変革に精通した人員がいなければ外部人材を活用するにしても、その人材の見極めも働きの管理もできません。

一方で、外部人材を定期的に活用することにもメリットはあります。企業変革支援の専門会社は、多くの社外事例やさまざまな種類のソリューション、方法論を活用した経験を持っています。ですから、一緒に仕事をすることでこのようなノウハウを取り込むことができます。また、外部の人材はその会社の業務や慣習に染まっていないため、内部の人材よりも中立的・客観的な目線で、市場全体の動向も勘案して問題を評価することができます。さらに、変革の取り組みは必要な人員に繁閑の波が生じます。繁忙時に合わせた体制を常に維持することは無駄も大きくなるため、内部で人員を一定数確保しつつ、人員が足りない際は外部から補充することで必要な体制を柔軟に構築することができます。このようなことから、ビジネスアナリストは内部で育成しつつ、ポイントを押さえて外部の人材も活用すると良いでしょう(図5－5)。

育てる上での最大のポイントは経験者の確保

では、専門サービス会社でない企業が、一からビジネスアナリストを育成するにはどのような施策が必要なのでしょうか。ビジネスアナリストを置いているコンサルティング会社やシステム開発会社の例などを考えるとビジネスアナリストが育つための必要条件は次の四つだと考えます。

5-5　内部人材と外部人材のそれぞれのメリット

内部人材のメリット	外部人材のメリット
・自社の業務や情報システムに精通している	・社外事例や、自社が未経験のソリューション・方法論の情報を持っている
・自社の組織、文化、意思決定のプロセスに精通し、社内人脈を持っている	・自社の常識や慣習、文化に染まっておらず客観的な目線で評価できる
・決定権限と、情報へのアクセス権限を持っている	・取り組みの繁忙時に必要となるリソースを時限的に確保できる
・外部人材の調達と比べてコストが低く、即時性がある	
・取り組みの経験が知見として蓄積され、引き継がれる	
「内部の知見」「権限」「低コスト」「経験の蓄積」が強み	「外部の知見」「客観性／中立性」「足りない要員を補完できること」が強み

1. 変革の場（実践の場）が存在すること
2. 新人を育てフィードバックすることができる先輩（上司）が周囲にいること
3. ビジネスプロセス変革に必要な基盤やツールが提供されること
4. 成長を促し、働きを適切に評価する制度があること

このうち三つ目の「ビジネスプロセス変革に必要な基盤やツールが提供されること」とは取り組みの資料を格納し、皆で共有できるナレッジマネジメントの仕組みがあったり、専門教育を受けることができたりすることが含まれます。また四つ目の「成長を促し、働きを適切に評価する制度があること」とはビジネスアナリストの働き方に即した評価や職位の制度があることを指しています。ただ、これらの条件はビジネスアナリストがいない企業ですぐに必要となるというよりは、ビジネスアナリストが育ち一定の活躍をはじめた後で、徐々に必要性が生じてくるものです。なお、これらのビジネスアナリスト向けの制度の在り方は第七章で詳しく解説します。

残りの二つの条件を見た際に、一つ目の「変革の場（実践の場）が存在すること」は、そもそも現在の事業環境において変革の取り組みが恒常化しているからビジネスアナリストが必要なのであって、この条件が満たせない場合、この本を手にとることもな

いでしょうからここでは問題とはしません。このように考えると、ユーザー企業がビジネスアナリストを育成する上での最大のポイントは二つ目の「新人を育てフィードバックすることができる先輩（上司）が周囲にいること」だといえます。社内にプロセス変革チームを作り、適性がありそうな人を配属させたままでは良かったのですが、先輩として振る舞える人がおらず、集まったメンバーが独力で学ばざるを得ないという事例もよく見ます。ハードスキルならともかく、ソフトスキルやビジネスアナリストに求められる姿勢などは独学では身に付けることが厳しいものです。結果、意図した役割を果たせずメンバーが疲弊してしまったり、周囲からの厳しい視線にさらされたりしてしまっていることも少なくありません。

私たちが過去にビジネスアナリストチームを立ち上げた経験のある日本企業に聞いた範囲では、コンサルタントやソフトウェア開発の上流工程経験者を採用して〝先輩〟を確保した上で、これらの経験者が内部事情に詳しいビジネス部門やＩＴ部門からの異動者を教育することで体制を立ち上げたケースが多いようです（第六章でインタビューしたパーソルキャリアも、立ち上げ時には内部からの異動だけでなく外部の経験者の採用を行ったと伺っています）。外部からの採用が上手く進まないようであれば、コンサルティング会社やＩＴベンダーに対して、ナレッジの提供やアドバイザリとして専門家の派遣を依頼することもできます。ビジネスアナリストの育成は信頼できる経験者を確保し、その人を中心にまず少数でも核となる人材を育成することからはじめるべきでしょう。

日本企業は〝潜在ビジネスアナリスト〟の活用を

さてこのように、ビジネスアナリストチームの立ち上げにおいては、まず〝先輩〟を確保することが必要なわけですが、では先輩のもとで活動を行っていく内部異動のビジネスアナリスト候補はどのように見つけるのでしょうか。その時に特に私たちから提案したいのが〝潜在ビジネスアナリスト〟の活用です。

日本企業では「ビジネスアナリスト」という呼び名かどうかはともかくとして、社内でプロセス変革や業務改善を担当する社員が数多くいます。ＩＴ部門にはエンジニアリングよりもビジネス部門との調整や、プロジェクト管理の経験が長いという人もいるでしょうし、経営企画部門にも特命事項でアウトソーシングの活用といった変革活動に携わった人がいたりします。このような、自分をビジネスアナリストだとは明確に認識していなくても、実質的にビジネスアナリストとして活動している（していた）人というのは意外と多いのです。私たちはこのような人を「潜在ビジネスアナリスト」と呼んでいます。

研修などを通じて日本企業の業務改善担当の方とお話をすると、学ぶ意欲が高い方が多く、現場の高いモチベーション（責任感）と能力は健在だと感じます。そうであるのなら、このような人を社内で正式なビジネスアナリストとして本格的に育てていくというのはどうでしょうか。

このような潜在ビジネスアナリストの存在が非常にもったいないのは、多くの場合はプロセス変革を一時的な特命事項として担っているだけなので、専門的な教育を受けておらず、属人的で非効率な取り組みの進め方になってしまっていることです。また取り組みが終わってしまうと元の担当業務に戻ってしまい、せっかくのノウハウが次に活かされません。さらに、プロセス変革にやりがいを感じ、継続的に携わっていきたいという人がいても、そのような希望を叶える仕組みが不十分では、せっかくのモチベーションが活かされていなかったりします。ですからこのような方をビジネスアナリストという正式な役割として認め、専門教育を実施して、その後も改善活動に携わっていただくのです。

ただ、いきなり変革専門人材としてしまうと、これまでとまったく異なる働き方に本人が戸惑ってしまうこともあると思います。ですから、まずはオペレーションとの兼務からはじめて、その中でも特に適性を示し、希望する人は〝業務改革部〟というようなプロセス変革専門部門に異動させ、本格的に専任ビジネスアナリストとして活動してもらうのが良いかもしれません。北米ではビジネスアナリストは通常、オペレーションを行わない専任の変革人材です。しかし、日本でビジネスアナリストを育てる場合、専任であることにこだわる必要はないのではないかと考えます。

私たちが聞いた事例の中に、社内の業務改革部にいるビジネスアナリストが経理や人事などのビジネス部門を兼務しており、その稼働の半分はビジネスアナリストとしてプロセス変革に、半分は通常のオペレーションに割くという会社がありました。このような体制はビジネス部門との連携がしやすく、経理のように月の中に繁閑がある業務だと、月末月初の繁忙期だけオペレーション体制を増強できるので合理的です。

〝ビジネスアナリスト〟というと特別な仕事のようにも聞こえますが、どんな会社でも仕事を設計する役割の人は必ずいます。是非あなたの会社にいる〝潜在ビジネスアナリスト〟を発掘してみてください。

育成のヒントは欧州にある

さて外部から先輩役の採用を行い、内部の潜在ビジネスアナリストを発掘して初期的なビジネスアナリストチームを形成した後は、本格的にビジネスアナリストの育成に入ります。これについては欧州企業の事例がとても参考になります。

ビジネスアナリストの本場というと米国のイメージが強いですが、米国の企業は能力を持った人を即戦力として中途採用することが一般的で、内部での育成にはあまり積極的ではありません。ビジネスアナリストの側もはじめから育ててもらうことを期待しておらず、自己研鑽として外部研修に参加したり、他社のビジネスアナリストと交流したりしながらキャリアアップしていきます。

それに対して欧州の企業（イギリスやドイツ、北欧など）は、労働慣行が日本とより近いものがあり、未経験者を採用して社内で積極的に育成している企業も多く見られます。特に前述の通り、近年ビジネスアナリストの需要が急増しているため、社会人経験者採用だけに頼らず、要件を満たす学生をインターン[※5]として雇用し、一定期間をかけたトレーニングを行いビジネスアナリストに育成する取り組みが盛んになっています。

私たちの知っている欧州企業のビジネスアナリスト育成の事例は何社かありますが、基本的な育成のスキームは共通しています。ビジネスアナリストの育成の取り組みは、

※5…欧州には学生の職業訓練として見習い制度を設けている国があります。例えばイギリスの「アプレンティスシップ」では、行政と受け入れ先となる企業が連携して費用負担をしており、高等教育を受講中、ないし受講済みの学生は有給で一定期間の職業訓練を受けることができます。もともとは欧州の徒弟制度からはじまった見習い制度ですが、近年ではＩＴサービス向けの採用・育成が活発に行われているそうです。

まず役割やスキルに対する「育成モデル定義」からはじまります。その次にトレーナーとインターン生間での「育成モデルの理解」があり、その前提の上でＯＪＴとOff－ＪＴを組み合わせた「トレーニング」と、一定期間ごとのメンターとの「アセスメント」を繰り返すことで専門性を育成します（図5－6）。

最初のステップである育成モデルの定義では、育成目標となる具体的なスキルとその成熟度のモデルを設定します。すでに説明したようにＢＡＢＯＫのようなビジネスアナリシスの方法論の記述はソフトスキルが中心で、具体的なハードスキルに関しては各企業がビジネスアナリストに何を求めるかで変わってしまいます。ですからハードスキルについては例えばＩＴ導入を担うＢＳＡ（ビジネスシステムアナリスト）であれば他の国際標準（欧州で広く活用されているＩＴ導入スキルの標準である「ＳＦＩＡ」[※6]など）を自

5-6 欧州企業における新人ビジネスアナリスト育成のモデル

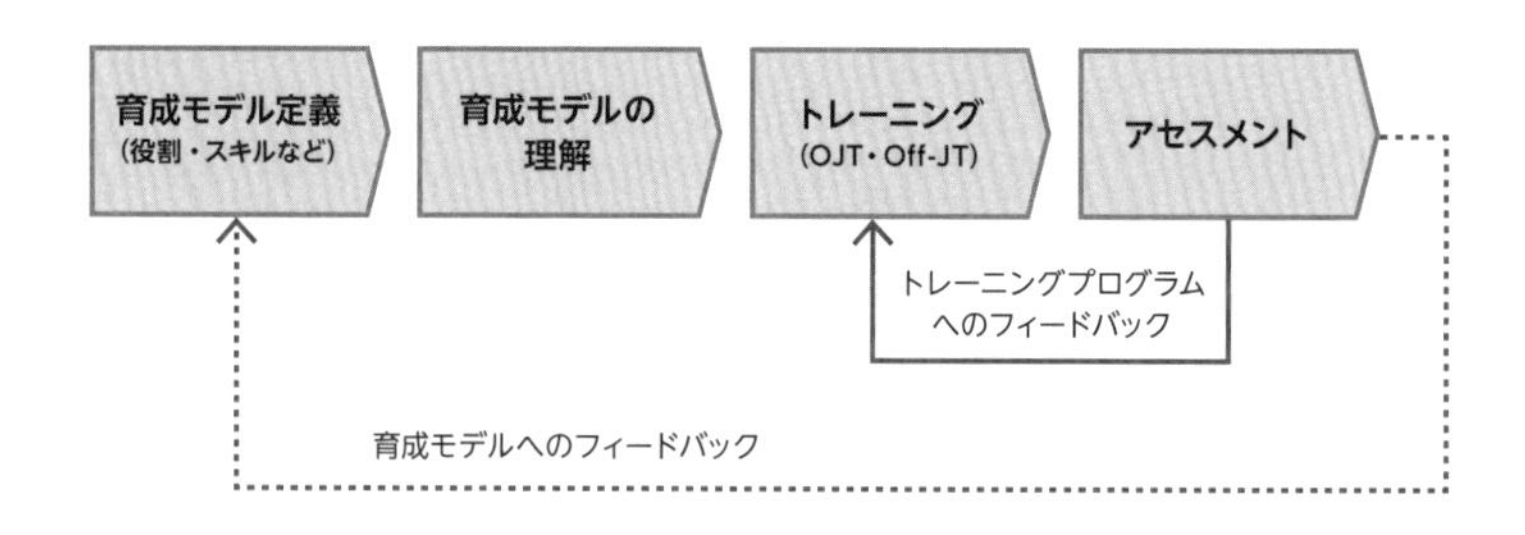

社向けに改編して活用することが多いようです。

欧州の事例を見て特徴的なのはＯＪＴとOff－ＪＴのバランスです。日本では全般に社員の育成をＯＪＴばかりに依存し、Off－ＪＴは一部のハードスキルのみとなる傾向があります。しかし、欧州ではトレーニング期間の半分をOff－ＪＴに割く企業もありますし、少ないところでも二割はOff－ＪＴに割いています。Off－ＪＴでは例えばデータモデリングやプロセスモデリングといったハードスキルに関するものも実施していますが、ソフトスキルに関しても手厚くトレーニングを実施しています。座学やワークショップを通じたソフトスキルの知識的な理解だけではなく、例えばトレーナーの指示のもと打ち合わせでどのように振る舞うかロールプレイングしたり、トレーナーの振る舞いをシャドウイングしたりといった実践的なトレーニングを行っています。また、他のプロジェクトを訪問したり、部分的に参画したりすることでビジネスアナリストの仕事とはどのようなものか理解するといったトレーニングメ

※6…ＳＦＩＡ（Skills Framework for the Information Age）とは、あらゆるタイプの情報システム関連の任務において管理業務または作業を行うための実務スキルを七つの役割ごとに構成したスキルフレームワークです。英国コンピュータ協会（ＢＣＳ）の先導を受け、30団体のコンソーシアムによって作成されました。
https://www.sfia-online.org/en

ニューもあります。

こうしたトレーニングはただ実施するだけではなく、成果に対するアセスメントも行います。インターン生はOJT、Off-JTのトレーニングを積みながら一定頻度でメンターとの面談を行います(図5-7)。最低でも月に一回はメンターとの面談があるようです。なお、インターン生の状況を客観的にアセスメントするメンターは、トレーナーとは異なる役割で、トレーナーとは別の人が担当することが一般的です。

面談では自身の強みと改善点について、メンターとインターン生が双方向に評価し、評価結果に対して合意した上で次のトレーニング内容を決めます。アセスメントを行うメンターは、スキル開発や知識の提供だけではなく受講生のメンタルケアの機能も持っています。ビジネスアナリストはインターン生

5-7 双方向でアセスメントを行う

であってもプロジェクト単位で自立的に働くことが求められるため孤立しやすく、メンターやラインマネジメントによるケアが欠かせません。ビジネスアナリストを育成している企業の中にはインターン生のモチベーション維持をするために褒賞制度を整えたり、インターン卒業生のコミュニティを形成したりしている企業もあります。

ビジネスアナリストを体系的に育成するためには成長を本人任せにせず、組織として育成するための労力を惜しまない姿勢が大切であることが分かります。もちろん育成される側の学ぶ意欲が大切なのは大前提ですが、しっかりと育成していくためには、組織的に育成環境を整えることが大切です。

一人前のビジネスアナリストが育つまでの道のり

さて、ここまで見てきたようなＯＪＴとOff-ＪＴを組み合わせたトレーニングの場を卒業して、ようやく一人のビジネスアナリストが誕生します。しかし、これはようやくスタートラインに立ったにすぎず、この先、本当に一人前のビジネスアナリストとして自立して活動できるようになるためには、まだしばらく経験を積む必要があります。

図5－8は私たちが考えるビジネスアナリストのキャリアアップのモデルです。ここではビジネスアナリストの成長過程を大きく三段階に分けています。

まずレベル1ですが、これは先ほど説明したインターン生にあたるレベルです。この頃のビジネスアナリストは本格的にプロセス変革に携わるというよりは、まだ先輩ビジネスアナリストの補助的な役割となります。主な仕事は情報の収集と整理です。例えば業務担当者にインタビューをして現行業務を業務フローに書き起こしたり、各種の業務文書を読み込んでインタビュー結果と矛盾がないか調べたりします。第三章で「引き出し」のテクニックにはインタビューだけでなく、文書分析やエスノグラフィなどさまざまな手法があるとお話ししましたが、このような要求の引き出し手法をしっかり身に付けるのがこの頃です。また同じ時期にビジネスモデリング

5-8　ビジネスアナリストのキャリアアップモデル

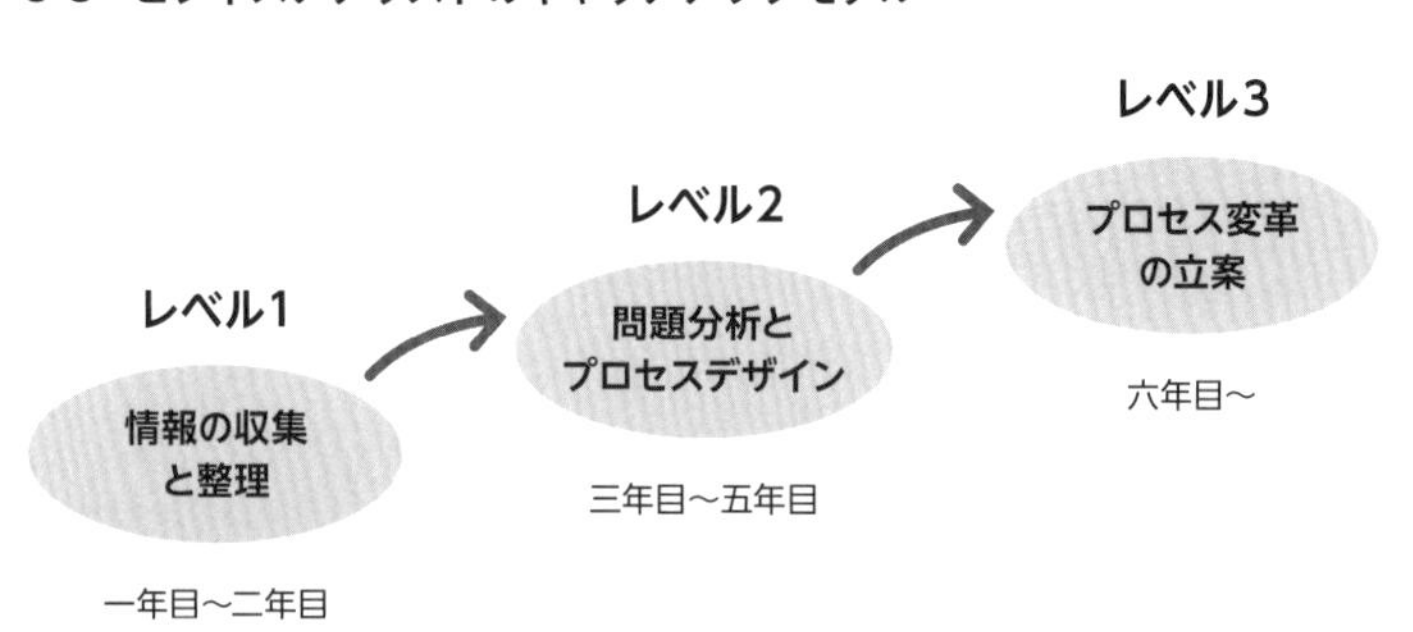

の基本をしっかり身に付けることも大切です。

ビジネスアナリストを目指す人の中には情報整理のような作業を〝地味〞と受け取る人もいて、頭を使って問題を分析する仕事に憧れるようです。しかし、ビジネスアナリストにとって現場の業務をしっかり理解することは基本中の基本です。すべての問題分析の基盤は正しい業務理解であることはいうまでもありません。また、現場の業務担当者も、同じ知識を持って対等に議論ができないビジネスアナリストなど、信用しません。

また、これまで担当業務の改善を行っていた変革経験者が本格的にビジネスアナリストを目指す場合、この段階がネックになります。このような人は業務改善に慣れているといっても、それまでの活動は自分が知っている業務に対して行っていたわけです。ところが、他の人が行っている業務を外から理解しようとすると、実は「業務をしっかり理解する」ということが簡単ではないことに気づくのです。このように、どのようなキャリアからビジネスアナリストに入門しても、この段階をおろそかにすることはできません。このレベル1を超えるのにまったくの初心者の状態から一年から二年かかります。先ほど紹介した欧州企業のインターン生育成も、期間としては一年から一年半程度が一般的でした。

次のレベル2は、ビジネスアナリストとして自立的な働きができるようになった状態です。この本で紹介しているビジネスアナリストの振る舞いも、主にこのレベルを中心に描いています。このレベルでは相手から情報を引き出すだけではなく、自分のアイデアもぶつけながら、関係者と共にビジネスプロセスをデザインしていきます。第四章で描いたような、さまざまなモデリングテクニックを駆使して、多くのステークホルダーとのファシリテーションや交渉事に臨むのがこのレベルです。

レベル1は、先輩の下で基本を身に付ける段階でした。レベル2になると、少しずつ得意とする業務領域やソリューションといった、専門性の色がでてきます。このあたりから、育成において先輩の密な指導を離れていきます。自身の興味関心に従い、受講すべき研修を自分で選んだり、業界団体の社外活動に積極的に参加したりと、自身の成長計画を自分で立案します。なおこのレベル2の段階を超えるのに三年程度はかかります。

一人前のビジネスアナリストといえるのがレベル3です。このレベルに達するのに、早い人でも六年程度はかかります。レベル3はレベル2と同じような作業に従事しつつも、より高次元の仕事も担当します。中でも変革プロジェクトの計画策定は大切な仕事です。レベル2は定められたプロジェクト計画や、確定したビジネス要求に従って作業を行います。しかし、レベル3はそれより手前でプロセス分析の計画を立案したり、ビジネス要求を検証して確定させたりするところから関与します（第三章の事例におけるステップ1は、このレベルのビジネスアナリストの仕事です）。そして、そのような作業計画に従ってビジネスアナリストチーム全体を統括して、変革を成功に導きます。必然的に経営者や各部門のリーダーといった、社内でも上位の人と関わることになります。このように計画立案やチーム運営、シニア層とのコミュニケーションといったマネジメント要素が加わるのがレベル3の大きな特徴です。

企業が一からビジネスアナリストを育てる場合は、まずこのレベル3のビジネスアナリストを最低一人は確保し、チームのリーダーに据える必要があります。そこに、さらに数名のレベル2クラスのプロセス変革の経験者を実務者として配置して、チームの骨格を作ります。このチームで欧州の事例で紹介したような育成モデルを検討し、仕組みをある程度整えた上で、先ほど紹介した〝潜在ビジネスアナリスト〟を異動させてビジネスアナリストチームを成長させていくということが、企業がビジネスアナリストを一から育成する際の一つの〝型〟です。

このモデルでは、リーダークラスのビジネスアナリストが誕生するまで最短で六年です。現場と積極的に議論して、プロセスをデザインできる人材が育つところまでを考えても三年程度はかかります。もちろん成長のスピードは人それぞれですから、それよりも早いケースも遅いケースもあるでしょう。それでも、一からビジネスアナリストを育てることは、数年がかりの取り組みとなります。

そこまでの道のりは長いですが、チーム立ち上げ時の人材が経験を積み、レベル1からレベル2に成長してくると、その下にさらにレベル1の人材を入門させることができるようになります。こうなるとチームの成長はどんどん加速していきますので、まずははじめの三年をどう過ごすかということがビジネスアナリスト育成の一つの鍵です。第六章では日本でこのようなビジネスアナリストチームを立ち上げた事例を紹介しています。この章でお話ししたことを念頭に、実際の企業がどのようにチームを育てたのか、是非参考にしていただければと思います。

コラム　ビジネスアナリストに向く人とは

さて第五章では、後天的に獲得することが難しいイメージがあるソフトスキルも、訓練による習得が可能だとお話ししました。ではビジネスアナリストという役割に向き・不向きはなく、誰でも同じように育つものでしょうか。私たちは、決してそんなことはなく、やはりビジネスアナリストに向く人は存在すると思います。人によって見解が分かれるところもありますが、ここでは私たちなりのビジネスアナリストに向いている人の観点をまとめてみました。

知的好奇心：学び、発見することを楽しめる

ビジネスアナリストに必要な資質を一つあげよ、といわれたら私たちは「学び、発見することを楽しめること」と答えます。これは単に新しいことを積極的に知りたいというだけでなく、集めた情報から法則性や本質的な問題を発見することが好きだったり、自分が納得するまで徹底的に考え抜く執着心を持っていたりという、広い意味での「知的好奇心」です。

知的好奇心はビジネスパーソンなら誰でも求められるものではありますが、優秀な

ビジネスアナリストには通常よりも一段階高いレベルが求められます。何しろ社内の多くの部門の間に立って調整する役割ですから、戦略、業務、テクノロジーなどの多くの分野に渡って広い知識が必要です。またビジネスアナリストは一つの取り組みが終われば、また新たな取り組みに参画します。そのたびに多くのことを新たに学習しなければなりません。

通常、学ぶことは目的を伴います。部門を異動したので新しい業務を学ぶとか、自分の仕事に影響のある法律が変わったから調べるというようにです。もちろんこのような目的に沿って必要な情報を素早く集め、理解する能力は大切なのですが、ビジネスアナリストにはそのような「手段としての学習」を超えて、単純に「知ることや発見することそのものが楽しい」という人が多くいます。例えばプロジェクトで誰かと打ち合わせをしている際に気になることがあると、その時の本題と関係ないことでも「それはなぜですか？」と聞きたくなります。このように蓄積した知識は巡り巡って仕事に役立つことも多々ありますし、多くのことを知りたいという欲求がより広い視野で問題を解決するための基盤にもなります。そして何よりも、このような新たな知識やノウハウとの出合いを楽しめる気質があるからこそ、苦労の多い変革の取り組みも楽しむことができるのです。

変化への欲求：目の前の安定よりも変化を生み出したい

ビジネスアナリストは問題を見つけて改善したり、常に工夫をしたりすることに大きな喜びを見出します。これは先ほどの知的好奇心とも深く結びついています。問題を見つけるとその本質を考えてみたくなりますし、必然的に解決した後の姿も見てみたくなります。子供が目についたものをすぐにいじってみたくなったり、「なんでこうなってるの？」と聞いてみたくなったりするのと同じ気質かもしれません。

ただし、変化を求めることは、必ずしも新しいことや斬新なアイデアを好むことではありません。何か新しいことや人と違うことをして目立ちたいというより、本質的な問題にたどりついて、それを解決してみたいと思うことです。ビジネスアナリストも人間ですから変化への恐怖心はあります。しかしこの恐怖心よりも、目の前に変化を起こしてみたいという好奇心が勝ってしまうのがビジネスアナリストなのです。

現場主義：とにかく現地・現物

何かのドラマの言葉ではないですが、業務は現場で起きています。プロセス変革では実際に業務を行っている人の話を聞いたり、現場を観察したりすることはとても大切です。またファシリテーターとして振る舞う以上、直接関係者と会って話さないことには信頼を得ることはできません。ビジネスアナリストにとって文書を作成する作業は、それ自体が思考プロセスの一環でもあります。自分の手を動かしながら頭をひねることで、思考を整理して確信を持って解決策を導き出すのです。

このようなことから、ビジネスアナリストは自ら作業を担うことが前提で、人を介して情報を収集したり、資料の作成をすべて人に任せて意見だけ言ったりする作業の進め方はかなり難しいと感じます。もちろん、新人のビジネスアナリストを育てるためには、あえて作業を任せてアドバイスにとどめることもありますし、現場で苦労するビジネスアナリストへのコーチングや指導という仕事は、それはそれで重要なので、「現場に出ないビジネスアナリスト」がいないわけではありません。ただ、それらはマネジメントの業務の一環であって、自分自身で情報を収集し、解決策まで考える「自己完結」がビジネスアナリストの特徴です。

レジリエンス：受け入れるところは受け入れて、流すところは流す

かつて読んだ海外の書籍に、ビジネスアナリストに向く気質として「A Thick Skin」と書かれていて苦笑いしたことがあります。「鈍感」ないし、文字通り「面の皮が厚いこと」という意味です。実際のビジネスアナリストは鈍感で務まる仕事ではありませんが、

なぜこのように書かれているかというとビジネスアナリストがとてもストレスのかかる仕事だからです。

私たちの知り合いで数年をかけて全社の業務の処理時間や発生タイミングを計測する仕組みを作り、人材配置をコントロールすることで、劇的な業務効率化を成し遂げた方がいます。しかしその方に言わせると、この取り組みをはじめて一年～二年は大変だったそうです。「はじめは電話に出てもらえないとか、打ち合わせで会話もしてもらえないといったことばかりで、そのうち石でも投げられるのではないかと思った」とのことでした。しかし、取り組みの成果が出るようになると徐々に社内に理解者も増え、今では全従業員が取り組みの意義に納得しています。その方に「取り組みをやめようとは思わなかったのか」と聞いたところ、「自分が行っていることには価値があると確信していたし、いつかは成果が出て皆わかってくれると思っていた」との回答でした。

ビジネスアナリストが変革の過程でこのような批判や否定的な言動に遭うことは日常茶飯事です。もちろんそれが自分の仕事の進め方が悪いのであれば、しっかり受け止める必要があります。しかし、どんなに誠実に作業をしていても、取り組みに否定的であったり、自らの利害から施策に文句を言ったりする人がいます。このような批判や否定的な言動を理解しつつも、受け止めるところと、受け流すところをしっかり分けて、自分が必要以上にダメージを負わないようにする気質は大切です。取り組みは長い期間にわたることもあり、失敗や手戻りもしょっちゅうですから、気落ちする要素はいたるところにあります。それでも自分たちの取り組みに賛成してくれる人のことを考えたり、少しずつでも取り組みの形が見え小さな達成感を味わったりといったポジティブな思考がビジネスアナリストには必須です。このような特性を指して「レジリエンス」といいます。

自由と自律：必要な時に、必要なことを、自分の判断で行う

ビジネスアナリストは自律した働き方が求められます。ビジネスアナリストが参画するプロジェクトの上流工程では不明点や未決事項も多く、プロジェクトの計画やスケジュール、役割分担は大まかなことしか書いていません。ですから作業の進め方は自分で考え、その時、自分が行うべきだと思ったことに時間を割きます。

ですから、ビジネスアナリストになる人は明確な指示のない世界で、自分で考えて行動することが好きな人が向いています。予測可能な世界で、間違いなく成果を出したいという人は向きませんし、しっかりした指示命令系統のある組織の中で、特定の範囲の業務をしっかりこなすことに安心を感じる人も向かないと思います。フットワー

ク軽く、必要な情報があれば社内のあちらこちらから集め、必要な議論があれば関係者を集めて打ち合わせを主催します。踏ん張りどころでは集中して仕事をして、休むところはしっかり休みます。プロジェクトの当初の計画にあろうがなかろうが、必要だと思った仕事はやらなくてはなりません。そんなビジネスアナリストですから、周囲と連携はしますが、誰かに命令したりされたりすることは嫌いという人が多いようです。

ビジネスアナリストが〝人好き〟である必要はあるか

この本ではビジネスアナリストの仕事ではコミュニケーションが大切という表現が何度も出てきます。こう言われるとビジネスアナリストは人と話したり、人を助けたりすることが好きな人が向いているというイメージを持たれるかもしれません。

ただビジネスアナリストが皆、人と会話することが大好きかというとそのようなことはなく、タイプが分かれるところです。優秀なビジネスアナリストの中にも、どちらかといえば人と話すのは苦手意識があり、業務フローを書いていた方が楽しいというタイプの人もいます。

ビジネスアナリストのモチベーションの源泉は、ここまで紹介してきたような知的好奇心や変化への欲求です。プロセス変革を進める上では常にコミュニケーションが必要になりますが、その関心事の中心はあくまで変化であって、コミュニケーションは変化を達成するための手段です。ですから必ずしも人との対話が好きでない人でも、知りたい、変化した姿を見たいという欲求が十分にあれば、恐怖心を乗り越えて人と接触していきます。もちろんビジネスアナリストの仕事において、人との対話が好きなことは大きな武器です。ただ、絶対に必要かといわれると、そうではないと私たちは考えます。

一方で好奇心や変化への興味よりも、人を助けたり、それによって人から感謝の言葉をもらったりすることが大きなモチベーションとなる人にとって、ビジネスアナリストは必ずしも良い仕事ではないかもしれません。すでに述べたように多くの否定的な反応にも直面する仕事ですから、そのような人だと深く悩んでしまいます。周囲に振り回されず「誰がなんと言おうとも正しいのは自分」と思わなくてはやっていられないことも多いのです。基本的に人が好きでありながら、変化のためなら鬼にもなれるくらいがちょうど良いのかもしれません。

第六章

日本で活躍するビジネスアナリストたち

先行各社の事例から見る多様な姿

本書では海外の事例を数多く紹介していますが、実は日本でもすでにビジネスアナリストが活躍をはじめています。第六章ではこのような日本のビジネスアナリストの姿を、所属する組織（企業・団体）へのインタビューを通して紹介します。なお、各組織では必ずしも「ビジネスアナリスト」という肩書で活躍しているわけではなく、各社さまざまな肩書を使っています。それでも、その役割は明らかにビジネスアナリストであり、今後ビジネスアナリストを目指す方や、ビジネスアナリストを設置しようとする企業にとっては参考になる情報が詰まっています。インタビュー本編に入る前に、各社のビジネスアナリストの特徴と、インタビューの読みどころについて軽く解説します。なお、インタビューで登場する役割名称や肩書は、各社固有のものをそのまま記載しています。

株式会社良品計画

無印良品を展開する株式会社良品計画には業務改革部店舗サポート課という部署があり、無印良品の各店舗のオペレーション変革をミッションとしています。店舗の変革といっても店舗内に閉じた小さな改善だけではありません。お客様に最高のサービスを提供するために、店舗と本社機能をつないで組織の壁を越えた変革を実現することに力点を置いています。その意味で良品計画の店舗サポート課は第一章のコラムで解説した種類でいえば「エンタープライズビジネスアナリスト」が最も近い役割でしょう。店舗の立場を代表して、どのように本社と連携するのかという点が、このインタビューの一つの読みどころとなります。

パーソルキャリア株式会社

転職や求人に関する人材サービスを提供するパーソルキャリア株式会社（旧株式会社インテリジェンス）では「BITA」と呼ばれるビジネスアナリスト職を置いています。BITAの役割はビジネスの視点からIT導入を積極的に進め、〝攻めのIT〟を実現することです。取り組みの主体がIT統括部であることからも、BITAの役割は「ビジネスシステムアナリスト（BSA）」が中心なのですが、データ分析に強みを持つ「ビジネスインテリジェンスアナリスト（BIA）」など複数のキャリアを用意しています。パーソルキャリアではビジネスアナリストの育成とキャリア形成において、さまざまな先行的な施策を行っており、これからビジネスアナリストを育成したい組織にとっては参考になるでしょう。

株式会社MonotaRO

株式会社MonotaROのBPM推進室は全社の業務を可視化して管理することで、各部門の改善活動に必要な基盤を提供する役割を担っています。このようなプロセスの構造管理を行うという特性からBPM推進室は「ビジネスアーキテクト」の役割を担っているといえます。また、プロセスの改善活動の中心を担うのは各部門のオペレーション担当者ですが、活動に不慣れな部門担当者をBPM推進室がサポートすることもあります。この本の第二章では、各部門のオペレーション担当者に兼務ビジネスアナリストとして活躍してもらいつつ、専任の人材がこれを支援する体制を日本流の業務改善体制の一つの考え方として紹介しました。まさにこのような体制を構築しているのがMonotaROの事例です。

認定NPO法人サービスグラント

この章に登場する他の三社は営利企業ですが、認定NPO法人サービスグラントは他の非営利団体（NPO）の活動支援を行う「中間支援型」といわれるNPO法人です。サービスグラントのビジネスアナリストは「プロボノワーカー」という専門知識を活かしたボランティアとして、他のNPOの問題解決や業務効率化に貢献しています。このインタビューを通して、ビジネスアナリストは企業だけではなく、ボランティア活動も支援できるという点を知っていただければと思います。

CASE 1 株式会社良品計画

現場と社内をつないで、最高のお客様サービスを実現する

無印良品でおなじみの株式会社良品計画（以降良品計画）には、店舗オペレーションのバイブルとして「MUJIGRAM（ムジグラム）」と呼ばれる2000ページにも及ぶ業務マニュアルがあります。良品計画で、このMUJIGRAMの運用を担いながら、店舗オペレーションの最適化に取り組んでいるのが業務改革部店舗サポート課です。店舗サポート課の役割は店舗に閉じた改善だけではありません。物流や人事などの幅広い部署と連携して現場の視点から広い範囲の業務変革を担います。今回は業務改革部店舗サポート課でこの役割を担う森口様にお話を伺いました。

お話を伺った方（文中敬称略）：

株式会社良品計画 業務改革部 店舗サポート課長 森口敏和 様

現場の目線から店舗の改善点を見つけ出すことが店舗サポート課の役割

著者　まず、はじめに店舗サポート課の役割と仕事の流れを教えていただけますでしょうか。

森口　店舗サポート課が所属する業務改革部は販売経路や店舗オペレーションを作り上げていくことを目的とした部署で、他にも店舗施設の設計を担う課など五つの課で成り立っています。その中でも店舗サポート課は店舗オペレーションを作るだけでなく「変えていく」「改善していく」ことをミッションとした部署です。仕事の流れとしては、まず店舗のオペレーションで「もっとこうすると生産性が上がる」「従業員がより簡単に作業できるようになる」というアイデアを見つけ出します。そしてそれに対して自分たちの中で「こうできないか」という仮説を立て、他部署と連携しながら解決していきます。
店舗サポート課が担当するのは店舗の接客や商品管理だけでなく、人事や物流など店舗に関わるすべての業務を改善テーマとして扱います。現場である店舗と本部（店舗を裏側で支えている本社機能群）の間に立って改善を進めようとすると、結果的にほぼ全部署と関わりあうことになります。

著者 店舗オペレーション上の問題はどのように見つけ出すのですか？

森口 まずは店舗に行って自分たちの目で見ることです。店舗サポート課のメンバーは店長経験者など店舗の仕事に精通した社員が集められていますから、店舗従業員の目線を持っていることは大きな強みです。

また、弊社は現場からの問題指摘や改善提案を吸い上げる仕組みがありますから、これも大変参考になります。現場からあがってくる提案は、私たちがブラッシュアップして採用することもあれば、現場の意見がとても良ければそのまま施策に移すこともあります。

著者 情報システムの開発や改修を伴う改善も多いと思うのですが、その場合も皆さんが対応されるのでしょうか？

森口 そうです。既存システムの改修であれば、こちらで帳票や画面の変更案を提示することで要求を出していきますし、完全に新しいものを作る場合は、システム部門とコミュニケーションをとりながら仕様を固めています。

お客様の目線から社内のあらゆる部署と連携する

著者　改善活動を行う上で大切にしている姿勢などはありますか？

森口　私たちは店舗と本部との間に立って仕事をしますが、お客様との接点を持たない本部側は、どうしても社内の目線でものを考えてしまうこともあります。ですから店舗サポート課はあくまでも店舗とお客様の立場で仕事をしていくという姿勢を大切にしています。

その際に、肝心の現場と私たちとの間で齟齬が起きないよう、コミュニケーションには気を使います。こちらが良かれと思って改善しても、現場の役に立たなければ意味がありません。各店舗の店長やスタッフと話をすることも多いですが、エリアマネージャーと呼ばれる地域の複数の店舗を統括している立場の方たちとは、特に密に連携を取って進めるようにしています。

著者 過去に実施した取り組みについて、具体的な事例をお聞きしてもよいでしょうか？

森口 最近、新店舗オープンに伴う人事制度の変更を行いました。背景にはあるのはスタッフの採用難です。以前だと新店舗をオープンする際、まず店長が決まり、店長に辞令が出たのちにスタッフの採用活動をしていました。そうなると店長が決まらないと採用をはじめられず、新スタッフへの教育が間に合いません。その結果、オープン当初は近隣の他店舗からスタッフが応援にいくことになるのですが、このやり方では特にスタッフを応援にまわす近隣店舗が疲弊してしまいます。これを見て、店舗サポート課として「このやり方を変えないといけない」と担当役員に伝えて改善を提案しました。

私たちには店舗オペレーションを標準化したMUJIGRAMがありますから、誰が新店舗の店長になっても、採用したスタッフへの教育内容と店長のやり方が異なるといったことは起きません。ですから、この取り組みでは店長が決まっていなくても新店舗オープン日から遡って三か月前には採用を開始し、教育できるようにしました。そしてその場合どのように採用をかけるのか、人事部や採用ウェブサイトを管轄する部署と密に連携しながら進めたのです。

新たにオープンするショッピングモールなどに出店する場合は、早く採用を開始したくても事業オーナー側の事情で、そこに店舗を出すことを公にできないこともあります。そのような場合でも、どのような採用広告の出し方なら問題ないかを店舗開発部や人事部と相談しました。こうした取り組みの結果、今では三か月前からの採用を行うことができるようになりました。

おかしいと思うことをおかしいと言える人材がこの仕事に向いている

著者　お話を伺っていると、社内の多くの部署との調整を行う重要な役割ですが、どのような人がこの仕事に向いていると思われますか？

森口　バランス感覚が必要だと思います。現場と本部の間に入ってコミュニケーションをとっていかなくてはいけませんし、数々の管理業務もこなさなければいけません。現場の目線に立つといっても、現場のすべての意見を無条件に受け入れるわけでもありません。現場にも本部にも、私たちがおかしいと思うことはおかしいと言えるコミュニケーション力が大切だと思います。もちろんこのような対応は、場合によっては他部署からは嫌な顔をされることもありますが、それも私たちの役割だと考えています。とはいえ本部の各部署は、本部機能はあくまでも現場のサポート役という考え方があり、現場としっかり調整した上で私たちが提案したことは各部署も協力していただけます。ですからやりにくさは感じていません。

定量と定性の両面から取り組みを評価する

著者 これまで多くの改善の取り組みを行ってこられたと思いますが、取り組みの成功や失敗はどのように評価していますか？

森口 各取り組みでは定量的な目標を持つ一方で、業務改善の成果が現場にしっかり定着しているかどうかも定性的に確認しています。定量指標ではまだ結果が見えなくても、現場から継続して「もっとこうしてほしい」という意見があがる取り組みはまだ十分に改善ニーズがあるということを意味していますから、あきらめずにやり続けることもあります。一方、一部の現場の改善ニーズをもとに取り組みを進めてみたものの、全店舗に展開してみたらまったく反応が出てこないこともあります。そういった場合は、その取り組みはあまりよい取り組みではなかったということなので、別の改善テーマや、異なるアプローチで取り組みを仕切りなおします。

取り組みの成否を評価するには、現場を見る他に方法がないこともあります。アナログなようですが、きちんと意見を言ってくれる店長に施策の成果を確認したり、全店舗に展開する場合は、施策を実施した様子を写真に撮って各地から送って報告してもらったりということも、改善の成果を確認する上ではとても有効です。

全社に改善への積極的な姿勢があってこそ自分たちの活動が成り立つ

著者　お話を伺っていると、けっして皆さん店舗サポート課だけが頑張っているというわけではなく、全社的に業務を変える、改善していくということに前向きだと感じます。

森口　社内には改善に前向きな風土があると思いますし、それがあるから自分たちの仕事はやりやすいのだとは感じます。経営側も一貫して成長し続けることと、そのために改善が必要だということを発信しています。もちろん取り組みによっては、現場が抵抗感を持つものもあります。しかし、そのような中で皆の意識を合わせていくのも自分たちの仕事だと思っています。

著者　これまで森口さん自身がやりがいがあると感じたことはなんですか？

森口　こちらが提案したり導入したりした改善施策に対して、現場から積極的に改修やさらなる改善の意見があがってくると嬉しいですね。感謝の言葉をもらえることも嬉しいですが、そのようなフィードバックがくるということは、現場が新しい仕組みを使いこなそうとしているということですから、より一層嬉しいです。

改善の種は尽きることがありません。ある業務を一度、改善してもその後また一年から二年たつと何かしら不具合が見つかってきます。他社の店舗を見てもまだ弊社が遅れていると思うこともたくさんあります。会社が新しいチャレンジを通して成長し続けようとする限り、改善点がなくなることはありません。

CASE❷

パーソルキャリア株式会社
BITAが実現する〝攻めのIT〟

さまざまな人材サービスを手掛けるパーソルキャリア株式会社（以降パーソルキャリア）では、ITを活用した業務改善を促進させるため、IT統括部内にビジネスアナリスト機能も担う「BITA」を置いています。BITAは日本におけるビジネスアナリストチームの先駆けでもあり、幅広い専門性を持ったビジネスアナリストが所属しています。今回はその取り組みについて同社のIT統括部 統括部長の片山様と、マネジャーの家城様にお話を伺いました。

お話を伺った方（文中敬称略）：

パーソルキャリア株式会社コーポレート本部IT統括部

統括部長　**片山健太郎** 様

マネジャー　**家城一彦** 様

攻めのIT実現のために生まれた〝BITA〟

著者　まず、ビジネスアナリストを設置した経緯を教えてください。

片山　かつての弊社のシステム部門（現IT統括部）は各事業部とのコミュニケーションが上手くとれてはおらず、またリーマンショック時のコスト削減の影響などもあり、事業に貢献する活動ができてはいない状態でした。その後、2011年頃から会社が成長軌道に乗るなかで、攻めのITを進めていく必要がある状況でしたが、当時のシステム部門ではその期待に応えるためのスキルが足りていませんでした。そこで、もっと事業に入り込んでビジネスプロセスをしっかり変革できる強い組織を作っていこうと設置したのがBITAです。BITAとは「ビジネスITアーキテクト」という言葉の頭文字をとった弊社の造語です。

著者　BITAはシステム部門を強化する取り組みからはじまっているのですね。

片山　そうですね。BITAの立ち上げは2012年なのですが、立ち上げに際して事業の企画組織のメンバーを何人か異動させたり、コンサルティング会社やシステム開発会社出身のメンバーを中途採用して体制強化を行いました。

また、ＢＩＴＡのメンバーをシステム部門と企画組織の兼務体制とすることで、システム部門だけでなく、その事業の中の一員としても業務改善を推進できるようにしました。各事業部には事業企画や営業企画といった企画組織があるので、その中にＢＩＴＡ組織を置いてＢＩＴＡのメンバーはそこにも所属するようにしています。

立ち上げ当初は30名ほどの組織でしたが、関わる事業が広がり、またＩＴ投資も増えたことで、現在は１００名超の組織となり、ビジネスアナリスト機能を担うＢＩＴＡだけで60～70名ほどまで拡大しています。

著者　ＢＩＴＡのメンバーは社内で具体的にどのような役割を担っているのでしょうか？

片山　ＢＩＴＡの役割は、ＩＴ導入における業務分析といった上流工程からＩＴのソリューション選定、導入、保守運用まで責任を持って推進することがあげられます。事業戦略に沿ったプロジェクトの組成は各事業部の企画組織中心に行いますが、それをＩＴでどのように実現するのか考えるところは、我々が受け持っています。開発は基本的に外部のベンダーにお願いしていますが、ＩＴプロジェクト全体のマネジメントには基本、ＢＩＴＡのメンバーが入ります。開発規模が数千万円レベルの開発案件であれば、メンバーが二名ほど入ってベンダーマネジメントを行います。

著者　ＢＩＴＡのメンバーはシステム開発そのものの経験もお持ちなのでしょうか？

片山　ＢＩＴＡにはさまざまなバックグラウンドのメンバーが所属しています。中途採用のメンバーはシステム開発会社出身者が多いので必然的に経験者の割合が多いですが、ＢＩＴＡには開発経験がないメンバーもいます。バックグラウンドが違うので、メンバーの持つ強みもさまざまです。例えば、各事業部での業務経験を経てＢＩＴＡに入ったメンバーは事業や業務に対する理解が深いので、その理解を活かして上流工程で業務プロセスの整理や課題分析、解決策の検討を推進することに長けています。一方で、システム開発の経験があるメンバーは、開発工程でベンダーが作成する設計をアーキテクチャまで意識した観点でしっかりとレビューをするなど、開発の品質が高くなるようマネジメントすること に強みを持っています。そういう強みの異なるメンバーを組み合わせて最適な チームを組成して、プロジェクトが成功するようにコントロールしています。

著者 BITAのようなITと事業の橋渡しを行う専門人材を育てるという発想は、2012年ごろだとかなり先進的な考え方だと思います。どなたがBITA立ち上げの意思決定をされたのでしょうか？

家城 BITAは当時のCIO（最高情報責任者）が創設しました。CIOは、ITと業務の間に溝があることが問題だと考えたようです。経営の意思の下で行った施策なので、社内からの大きな反発などもなく、人事的な調整も比較的スムーズだったと記憶しています。

業務理解を深めるために全事業の業務フローを作成する

著者 BITAの組織強化をしていく上で行った具体的な取り組みについて教えてく

ださい。

片山　業務へのしっかりした理解がなければよい働きはできないので、まずは既存事業の業務フローを全部作るという取り組みを二年ほどかけて行いました。これにより各事業の状態を明らかにするとともに、ＢＩＴＡのメンバー自身も事業側の業務理解を深めていきました。可視化した業務フローはＢＩＴＡ内で維持・更新するルールを設けて今も管理しています。

また、可視化するだけでは意味がないので、可視化した業務フローを活用する取り組みにも注力してきました。例えばＩＴプロジェクトの予算審議にかける資料として業務フローを用い、ＡＳＩＳ（現行業務）とＴＯＢＥ（あるべき業務）をしっかり説明することを徹底してやってきました。併せて、そのプロジェクトを行うことで具体的にどういった効果が得られるのかＫＰＩ・ＫＧＩ[※1]を置いて期待効果を整理すること、最終的なプロジェクト自体の振り返りとして

※1…ＫＰＩはKey Performance Indicatorの略で、日本語では「重要業績評価指標」となります。ＫＧＩはKey Goal Indicatorの略で、日本語では「重要目標達成指標」となります。どちらも業績を測る指標ですが、ＫＧＩはＫＰＩに対してより上位の指標となり、ＫＧＩを細かい指標に分解したものがＫＰＩとなります。

ＫＰＩ・ＫＧＩを達成できたか検証することもルール化しました。
このような取り組みを通して得られた知見を標準資料としてまとめ、新卒や中途採用、異動で新しく入ってくるメンバーがノウハウとして吸収できるようにしています。これらの標準資料は今も活用し続けており、プロジェクトの振り返りのたびにブラッシュアップしています。

著者　二年間という長い時間をかけて可視化を行うとなると、途中でＢＩＴＡのメンバーのモチベーションが下がってしまったり、各事業部のメンバーがヒアリングなどの時間をとってくれなくなったりしてしまうということはなかったのでしょうか？

片山　可視化の取り組みはＢＩＴＡの組織として進めていくとトップダウンで決めていたので、しっかり管理して状況をモニタリングしながらやらせきりました。業務を正しく理解するためにも可視化の取り組みは必要だという納得感を持って進められていたと思います。

得意分野に合わせて七つの専門性に分かれる

著者 各メンバーがどのようなスキル・強み・弱みを持っているかどのように把握されていますか？

片山 BITA内でのスキル評価を行い、各メンバーがどの程度の経験・スキルを持っているかを管理しています。スキル評価はメンバーが自身の強み・弱み・課題について正しい認識を持って成長していくために行っており、（人事評価のような）厳密な管理を行っているわけではありません。評価に際しては上長との面談で認識のすり合わせを行い、具体的なスキル強化の打ち手を考えてもらっています。

著者 BITAではその専門性をどのように分けているのでしょうか？

片山 BITAのメンバーはその専門性の違いから七つのキャリアモデルを定義しています。例えばシステム開発経験がありITのスキルが高いメンバーは「ソリューションＢＩＴＡ」、業務理解が強く上流の工程を推進するメンバーは「ＢＩＺ ＢＩＴＡ」として定義しており、その他にもエンジニアリングを得意とするＢＩＴＡとして、データ分析を得意とする「ＢＩ ＢＩＴＡ」、アプリケーション・インフラ開発を得意とする「ＴＥＣＨ ＢＩＴＡ」などがあります。

これらの専門性の軸とは別に、その働き方の特性からＢＩＴＡのメンバーを束ねて各事業部と相対する「マネジャー」と、個別の専門性を高めていく「エキスパート」という二つのキャリアパスも用意しています。さらにエキスパートには大きく上流工程の推進のエキスパート、主に開発工程のプロジェクトマネジメントのエキスパート、高度なＩＴの技術スキルを有するエンジニアリングのエキスパートの三タイプあります。ＢＩＴＡのメンバーがどのキャリアパスを選ぶのかは本人の希望と適性に合わせています。

人事評価は全社的なルールに準拠して半期に一回、行動評価と成果指標を組み合わせて行っています。成果指標の観点ではＢＩＴＡのメンバーは評価期間中のプロジェクトをいかに上手く進められたかを評価しています。いかに事業貢献度が高いプロジェクトに関わったとしても、結局一人の力でそれを成し遂げられるわけではないので、プロジェクトそのものの評価ではなく、プロジェクトの中でどのような役割を果たし、どのように行動したのかを定性的に評価するようにしています。

手ごたえを感じるまで三年、成果を実感するまで五年

著者　ＢＩＴＡの立ち上げから七～八年経過していますが、これまでの中でＢＩＴＡの取り組みを振り返っていかがですか？

片山　ここまでの人材育成と組織作りの取り組みは平坦ではありませんでした。私が入社した２０１２年当時はまだ、新しいＩＴツールを開発する時のルール、例えば必ずＲＦＰ（提案依頼書）を作ってベンダーとの合意事項を明確にした上でソリューションを開発していくといったような決め事が曖昧でした。そこからルールを整備し、プロセスを回し、ナレッジを蓄積して、組織的な理解を深めていきました。育成はどうしてもＯＪＴ中心になってしまうので、特にマネジャーの育成には時間がかかりました。

ただ、そのような取り組みを通して部下をマネジメントできるマネジャーが

育ってくると、各事業部の中にもしっかり入り込めるようになっていきます。そうなると、だんだん手ごたえを感じられるようになりましたが、そこまで三年、そして事業に対して本当に価値のある活動ができていると実感できるようになったのは五年目です。この先はＩＴ関連の上位職はもとより、各事業部の企画組織の上位職などにもＢＩＴＡの中から人材を輩出できるようになることを狙っていきたいです。

第六章　日本で活躍するビジネスアナリストたち

CASE ❸ 株式会社MonotaRO

全社のプロセスを可視化し、経営と共に変革を進める

間接資材通信販売大手の株式会社MonotaRO（以降MonotaRO）は近年急成長している企業です。MonotaROは規模が急拡大する中でも、社員が自社のビジネスプロセス全体を理解した上で業務改善を推進できる体制を目指して、各種の取り組みを行っています。今回はその基盤作りを担うBPM（ビジネスプロセスマネジメント）推進室 室長の中村様にこれまでの活動と今後の展望についてお話を伺いました。

お話を伺った方（文中敬称略）：

株式会社MonotaRO　BPM推進室 室長　中村武徳 様

BPM推進室のミッションは業務改善の基盤作り

著者　MonotaROのBPM推進室とはどのような組織なのでしょうか。

中村　私たちＢＰＭ推進室の役割はＭｏｎｏｔａＲＯの社員が自分の業務の目的をしっかりと理解した上で、自律的に業務改善を行っていくための基盤や教育を提供することです。

弊社は通信販売という業態上、商品を企画・管理する部門、お客様からの注文を管理する部門、物流を扱う部門など、さまざまな部門の連携でお客様にサービスを提供しています。近年、企業規模が急速な勢いで拡大していますから、これからはこれまで以上に各部門が積極的にお互いを理解して、プロセスの全体を把握していなければ、お客様に良いサービスは提供できません。

このため社員が自社のビジネスプロセス全体を理解した上で、関係部門と連携したり、改善していったりするための基盤の必要性が高まりました。これを構築するために設置されたのがＢＰＭ推進室です。

著者　ＢＰＭ推進室の具体的な活動について教えてください。

中村　業務理解と改善の基盤作りとしてまず取り組んだのが、全社の業務可視化です。取り組みの目的は社員自身が自社のプロセスを理解することですから、業務フローは各部門の担当者に描いてもらうこととしました。

ただ、そのためには事前にさまざまな準備が必要になります。まずはBPM推進室でMonotaRO全体のビジネスプロセスの構造を整理し、大まかな業務の棚卸しを行いました。各業務はその業務のリーダーやベテランを責任者として、この責任者が担当業務のフローの作成を行う体制としています。MonotaROではこの責任者をプロセスオーナーと呼んでいます。さらに業務フローの記述ルールを考えたり、モデリングツールを選定したりといった作業も必要でした。

それから各プロセスオーナーとBPM推進室で、業務フローを作成するためのセッションを行いました。まず、BPM推進室も一緒にホワイトボードに付箋を貼りながら業務の手順を確認します。そしてセッション後に、それをプロセスオーナーが〝清書〟する形で業務フローに描き表します。プロセスオーナーがフローの作成に慣れてきた後はセッション形式ではなく、オーナーがそれぞれ作成したフローをBPM推進室がチェックする役割分担としています。棚卸ししたプロセスの数、つまり業務フローの数は全社で500近くあります。この取り組みは2016年頃からはじめて、二年ほどでその大半を作成することができました。

著者　業務フローの作成の他にも何か取り組みをしていたのですか？

中村　業務フローからは業務の手順しか分かりませんから、その業務の目的は何か、ＫＰＩ（重要業績評価指標）は何かといった業務の定義づけの作業を並行して行っています。また、各業務に誰が、どれくらい時間をかけているのかという業務時間を計測する取り組みも行っています。これによって各プロセスのボリュームを把握したり、業務改善のための定量的なデータを取得したりすることができるようになりました。

業務改善の基盤作りは根気が大切

著者　二年もかけて現場の担当者の方と協力して業務の可視化を進めたのですね。取り組みを進める中では苦労も多かったのではないでしょうか。

中村　そうですね。現場は日々のオペレーションで忙しいですし、繁忙期などは取り組みに割く余力がなくなり、取り組みが止まってしまうような時もありました。ただ、自分たちの業務をしっかりと理解して改善につなげていくことは、弊社にとって必ず必要となる取り組みだと考えていましたから、現場に対して根気強く促し、業務フローの作成を続けました。

もともとこの可視化の取り組みは「確実にやりきる」という社長（鈴木雅哉社長）の強い想いではじめています。社長も取り組みの進捗を気にし、進捗が思わしくない部門には調整を行ってくれました。各部門長にも取り組みの重要性を理解してもらっており、このような経営層の理解は取り組みを進める上で大変重要でした。

可視化した業務フローをもとに社長も同席して改善箇所を議論する

著者　業務可視化の活動はある程度目途がついたということなのですが、その後はどのような活動を行っているのでしょうか？

中村　可視化の成果を活用するために行ったことは、各部門の業務をお互いに理解するためのセッションの開催です。まず、作成した業務フローを社内の休憩スペースに貼り出しました。この際、フローとフローのつながりが分かるように意味ある単位でまとめて貼っています。例えば「受注〜出荷〜請求」といったお客様の注文の流れや、「発注〜入荷〜支払」といったサプライヤーへの発注の流れというように、部門をまたいでプロセス全体の流れを俯瞰できるようになっています。広い休憩室の壁一面に業務フローが貼り出されている様子はなかなか迫力があり、外来の方も驚かれます。

この貼り出されたフローの前で改善箇所を議論するためのセッションを月一回くらいのペースで行っています。このセッションには関係する部門のプロセスオーナーが皆、集まります。例えば「受注〜出荷〜請求」の注文処理の流れではこのプロセスに深く関わるカスタマーサービス部門と物流部門はもちろん、請求処理で関わる管理部のプロセスオーナーも参加してもらいます。セッションでは各プロセスオーナーが担当業務の手順や目標、ＫＰＩ、そして現状の課題について順番に説明し、他の参加者と議論をします。

この場にはプロセスオーナーとＢＰＭ推進室だけではなく、社長や関係部門長も参加します。社長からプロセスオーナーに対して「なぜこのような業務ルールになっているのか?」と直接質問が飛んだり、作業場所が離れているので、普段あまり顔を合わせない物流部門とカスタマーサービス部門の担当者が一緒に業務フローを眺めながら「この手順を改善できないか?」といった相談をしていたり、とても盛り上がります(写真6－1)。

著者 社長や部門長の方もセッションに参加されているのですね。

中村 社長や部門長は担当者が知らない過去の経緯などを知っていたりするので、プロセスオーナーだけでセッションを行うよりも意義のある会話ができます。また、弊社のプロセスは

6-1　セッションの様子

システム化している処理も多いので、ＩＴ部門のメンバーに参加してもらうこともあります。セッションの場で「こういう改善をやってみよう」「こういう調査をしてみよう」とあがったアイデアは、その場で付箋に書いて業務フローに貼り付け、期限と担当者を決めてＢＰＭ推進室で管理しています。

デジタルを活用して部門の業務改善を推進する

著者　デジタルソリューションも業務改善に積極的に利用されているそうですね。

中村　そうですね。今、全社で標準のＢＰＭＳ[※2]を採用し、作成した業務フローを使っていっそうの業務自動化を進めています。この活動の中心となるのはプロセスオーナーなのですが、プロセスオーナーはオペレーションも抱えていますし、業務改善の進め方については不慣れです。ですから、プロセスオーナーの活動

※2…ＢＰＭＳ：Business Process Management Suiteの略で、複雑なコーディングを行うことなくプロセスを自動化および管理するためのツールの総称です。

を支援するサポートのビジネスアナリストを置いて二人三脚で改善を推進する体制としています。プロセスオーナーとビジネスアナリストが協力してやりたいことを整理し、BPMSによるツールの開発はIT部門が行います。

また最近、全社の業務情報をグーグルデータポータル上で活用できる基盤を整えました。各部門の選抜者に対して、この基盤利用のトレーニングを行っています。これにより各業務に設定したKPIを、各部門が自由に取得できる体制を立ち上げようとしています（著者注：これはビジネスインテリジェンスアナリストの育成といえます）。これまでのBPM推進室は業務の可視化に重点を置いて活動してきたわけですが、今後はこのような業務改善基盤の構築や各部門の改善活動をしっかり支援する役割にシフトしていきたいと考えています。

CASE 4 認定NPO法人サービスグラント

ビジネスアナリストが支える社会貢献

サービスグラントは他のNPO法人に対してプロボノワーカーによるプロジェクトを通じて中間型支援を行うNPO法人です。プロボノワーカーとは、職業上持っているスキル・知識・経験を活かしてボランティア活動を行う人を指します。サービスグラントに参加するプロボノワーカーにはアカウントディレクターやプロジェクトマネジャーなど11種の職種があり、その中にはビジネスアナリストも含まれます。本インタビューでは、サービスグラント経由でプロボノワーカーとして活躍するビジネスアナリストについて、代表の嵯峨様にお話を伺いました。

お話を伺った方（文中敬称略）：

認定NPO法人サービスグラント 代表理事 **嵯峨生馬** 様

〝ＮＰＯを支援するＮＰＯ〟サービスグラントとは

著者　まず、サービスグラントについて教えてください。

嵯峨　サービスグラントはＮＰＯ法人に対してプロボノワーカーのチームをつくり、プロジェクトのコーディネートを行う、中間支援型のＮＰＯ法人です。私自身もサービスグラントを立ち上げる以前から他のＮＰＯに関与していた経験があるのですが、ＮＰＯは立ち上げだけでなく、活動の維持・継続が非常に難しいところがあります。

一度立ち上げた仕組みの中には必ず問題があるものですが、そこに常に修正をしていくことは簡単なことではありません。ＮＰＯではそもそもの仕組みを考えたり、仕組みの修正を担ったりする人材が本当に少ないという一面があるので、企業と比べても仕組みの面では弱くなりがちです。そこで、ＮＰＯの仕組みづくりを外部から支援できるよう、２００５年にサービスグラントを立ち上げました。

著者　ビジネスアナリストは日本企業では、まだなじみがない職種だと思いますが、サービスグラントがビジネスアナリストの募集という観点に着目したのはなぜなのでしょうか？

嵯峨　ビジネスアナリストを、プロボノ活動で募集する職種として扱うようになった背景には、NPO側とプロボノワーカー側の両方からニーズがありました。かつてのサービスグラントの支援メニューはパンフレットや広報資料の作成、ウェブサイトの構築といったデザイン関連の支援が中心でした。しかし活動を続けていくうちに、NPOがこのような発信や広告ばかりの機能を強化していくと、それに対する外部からのリアクションに対してNPOの業務処理が追いつかず、機会損失してしまったり、一部の人に負荷が集中してしまったりするといった問題が起きるようになりました。そうした経験から、NPOでは少ない人員でも効率的に活動できるように業務フローやマニュアルを整備するニーズがあることが分かってきました。これがNPO側のニーズです。

一方でボランティア活動への参加を希望するプロボノワーカー側の事情もあります。前述のようにサービスグラントでは当初、デザイン関連の支援が中心だったのですが、プロボノワーカーとして働くことを希望する方の中には「手順書を書くのが得意です」「業務を効率化するのが得意です」といった方もいました。このような双方のニーズをマッチングすることで新たな支援メニューを作れるのではないかと考えて設置した職種がビジネスアナリストです。

著者　ビジネスアナリストという役割名称ははじめからご存じだったのですか？

嵯峨　ビジネスアナリストという職種の名称をはじめから知っていたわけではありませんから、当初はこの職種をどのような名前にするのか悩みました。ただ、米国の同じような中間支援を行っている団体でもビジネスアナリストを設置していたことや、〝現状業務を分析する〟という役割も考えると、一番ぴったりくる名称はビジネスアナリストだと考えてこの名称としました。

著者　ビジネスアナリストの職種に登録されている方はどれくらいいらっしゃるのでしょうか？

嵯峨　サービスグラントに登録しているプロボノワーカーが全体で4600人弱です（インタビュー当時）。職種は複数選択できるようになっているので重複はありますが、そのうち約1400人がビジネスアナリストとして登録されています。

著者　プロボノワーカーに応募される方はどのようにビジネスアナリストの職種を知るのでしょうか？

嵯峨　サービスグラントではビジネスアナリストをはじめ、マーケッターやアカウントディレクターなどさまざまな役割名称で募集をかけているのですが、登録のハードルを下げるために説明会を行っています。説明会では「マーケッターというのはこういう役割ですよ」「名刺にマーケッターと書いていなくても、例えば営業職の方でお客様の要望を聞いて提案をするような仕事をしている方はマーケッターの仕事を担える人材ですよ」とお伝えしています。同じようにビジネスアナリストについても「業務の棚卸しやそこにある課題のヒアリングをして、改善提案をしていく仕事ですよ」「現場のオペレーション改善などの経験があれば務まりますよ」とお伝えしています。そうした説明をするとプロボノ希望者の方にも「それなら自分もやれそうだな」と思ってもらえます。なので、プロボノワーカー希望の方にはまず説明会に参加してから登録してもらうようにしています。

地域のコミュニティカフェの運営を〝標準化〟する

著者　ビジネスアナリストの方がプロボノワーカーとして参加した取り組みについて、具体的なエピソードがあれば教えてください。

嵯峨　最近の事例ですと、都内の団地にあるコミュニティカフェを支援するプロジェクトがあります。そのコミュニティカフェは住民の「居場所づくり」をテーマに、ご高齢の方の孤立防止や子ども食堂の運営といった活動を行っています。カフェのスペースは40㎡ほどであまり広くはないのですが、総勢50人ものボランティアの方が入れ替わりで参加されていました。
ボランティアの方がたくさん集まるのはとても良いことなのですが、ボランティアの方々は仕事への思い入れやスキルもさまざまですし、曜日によって集まる人も異なるため、このコミュニティカフェでは統一的なオペレーションが難しくなるという問題を抱えていました。例えばボランティアの方だけで話し込んでしまい新しいお客様が入ってきていることに気がつかなかった、曜日によって物の置き場所が違って混乱する、といったことが起きていました。そこでプロジェクトではボランティアの方の共通の業務理解を構築し、いくつかの主要なオペレーションについて基本の流れを作ることに取り組みました。

著者　その取り組みでは、どのように業務改善を進められたのでしょうか？

嵯峨　まずは団地の代表の方に、大まかな課題感について話を聞きます。そこから先は具体的にキッチン担当の方や、ボランティアのコーディネーターの方などいろいろなポジションの方に個別に仕事の進め方についてヒアリングし、課題がどこで起きているのか特定していきます。

著者　ヒアリングや課題分析は結構エネルギーのかかる仕事ですね。一つのプロジェクトに対してどれくらいの時間と期間をかけられたのでしょうか？

嵯峨　大体、五〜六か月の期間で、プロボノワーカー一人あたり週五時間程度の稼働ですね。体制としてはプロジェクトチームには大体、五〜六人のメンバーが配属されており、その中にビジネスアナリストが一〜二人入りました。平日の夜や土日を使って現場にヒアリングをしたり、事務所に集まって会議や作業したりして、成果物を作成していました。

著者　実際にビジネスアナリストとしてプロジェクトに参加された方の感想はどのようなものでしたか？

嵯峨　最近、ある方から「自分の能力が世間一般でどのように有用なのか確認できた」という感想をいただきました。他にも「自分では提供できるスキルはたいしたことはないと思っていたが、支援先では価値を感じてもらえたようなので、今後もっとスキルをブラッシュアップさせていきたい」という感想をいただいたこともあります。

ＮＰＯこそ業務を効率化しなければ活動を続けられない

著者　ＮＰＯにおいてビジネスアナリストが活躍する上で難しいことはありますか？

嵯峨　ＮＰＯにはプロボノワーカーを外部から受け入れたものの、期待した成果を出してもらえなかったという経験を持っていることがあります。そのため組織の業務改善のニーズを抱えつつも、支援を受け入れることに抵抗感を感じてしまうこともあります。サービスグラントではそういったことを防ぐために、あらかじめ想定されるプロジェクトのスコープや成果物をしっかり決め、そのタスクを遂行するのに適したプロボノワーカーをコーディネートしています。

著者　サービスグラントでビジネスアナリストを募集する意義とは何でしょうか？

嵯峨　私はＮＰＯだからこそ、業務の効率化を進めないといけないと考えています。企業に比べてＮＰＯは人材や資金がとても限られています。丁寧に仕事を行うとか、現場に寄り添うこともちろん大事なのですが、それだけでは本当に目の前のことしか処理できません。限られた人材と資金をどれだけ有効に使って、より多くの人をサポートできるのか、ということを意識していかなくてはいけません。そのため、業務改善を推進するビジネスアナリストがＮＰＯを支援することには意義があると考えています。

コラム

変革の全体企画を担うビジネスアーキテクト

第一章のコラムでビジネスアーキテクトという役割を紹介しました。ビジネスアーキテクトは企業のビジネスプロセスの構造管理を行い、戦略に基づいた変革プロジェクトを企画する役割です。第六章で紹介したMonotaROのBPM推進室もこのビジネスアーキテクトの役割を担っています。ビジネスアーキテクトは近年、ビジネスアナリストのコミュニティでは大変注目されており、ここではその背景も含めてビジネスアーキテクトという役割を紹介します。

ビジネスアーキテクトは戦略に基づいて変革を企画する

企業が中長期で実現したいビジョン、つまり戦略を立案したとします。しかし戦略は立てただけでは意味がありません。その実現のためには大小さまざまな変革活動が必要になります。例えばいくつもの新サービスの立ち上げ、お客様や取引先などの基幹情報の統合、会計や人事といった管理業務の生産性向上など、いくつもの活動が、ときに同時並行で、ときに依存関係をもって行われます。これを各部門が協調せずに独自に企画してしまうと取り組みが重複してしまったり、それぞれの取り組みの方向性がかみ合わなかったりするかもしれません。ですから個々の活動に入る前に、戦略実現のために必要となる変革活動をとりまとめて整理する必要があります。

ビジネスアーキテクトはこの変革活動のセットを立案する役割です。日ごろから企業のビジネスプロセスの構造、そして各プロセスの主管組織や活用している情報システムといった情報を管理しており、それらの情報をもとに、戦略を実現するためにはどのプロセスをどのように変えなくてはいけないのかを識別します。そして必要な関係者と調整し、プロジェクトを立ち上げるのです。このような全社的な観点で事業構造の管理と変革活動の企画を行う手法を「ビジネスアーキテクチャ」といい、この専門家がビジネスアーキテクトというわけです。

プロジェクトが立ち上がった後の各プロジェクトの遂行は、プロジェクトマネージャやビジネスアナリストに託されます。ビジネスアーキテクトはプロジェクトの外から、各プロジェクトが戦略目標に対して適切に進んでいるのか、効果はしっかり出ているのかなどを監視したり、複数のプロジェクトにまたがって起きる課題の調整を行ったりします。

そう考えると「変革の企画」を担うビジネスアーキテクトに対して、他のビジネスアナリストは各変革プロジェクトの中で「変革の実行」に従事する役割といえます。第三章でビジネス要求は、ビジネスアナリストが取り組みに加わる際にはすでに決まっていることもあると説明しましたが、ビジネスアーキテクトが置かれている企業ではビジネス要求はビジネスアーキテクトが立案して、プロジェクトに託していることになります。

小さな組織であれば双方の役割をビジネスアナリストが一度に担うこともできますが、企業規模が大きくなると、戦略そのものや、その実行計画を練る組織（経営戦略室、社長室など）と、計画に従い変革を実行する組織（IT部門や各ビジネス部門など）が分かれるため、このような役割分担が発生します。ビジネスアーキテクトは異口同音に「私たちの役割は〝戦略〟と〝変革実行〟の間に入ってつなぐこと」といいますが、これはこのような働きを一言で表現したものです。

日本ではビジネスアナリスト以上に知られていない役割ですが、世界ではこのビジネスアーキテクトを置く企業が増えています。私たちの経験だけでも米国大手銀行の一つであるウェルズファーゴやボーイング、フェデックスといったさまざまな会社のビジネスアーキテクトの話を聞く機会がありました。役割の特性上、COO（最高執行責任者）やCIO（最高情報責任者）といった経営直轄である場合が多いようです。

変革の効果をビジネスの観点から検証する

ビジネスアーキテクトにとって変革の企画と並ぶ大切な仕事が、各変革プロジェクトが期待する効果を出しているのか検証することです。世界最大級の航空会社であるユナイテッド航空では当時、CIOがたくさんのITプロジェクトが立ち上がる一方で、ある疑問を持ちました。それは、プロジェクトの効果が「機能要求を満たした」、「トラブルが起きていない」といったIT側の観点からばかり説明されてしまい、それが会社の戦略目標に寄与しているかがよく分からないということでした。

この疑問を解消するために2008年にビジネスアーキテクトチームが設置されました。ビジネスアーキテクトチームは自社のプロセス構造を「空港における顧客接点業務」や「貨物取扱業務」といったように細かく区分し、この区分ごとに戦略目標に紐づく管理指標（KPI）を明確にしました（なお彼らはこの区分を「プロセス」ではなく「ケイパビリティ」と呼んでいます）。そしてITプロジェクトはそれらの業務管理指標に基づいて投資効果を説明する体系を作り上げたのです。このように、それがIT関連の取り組みだとしても、あくまでもビジネス側の戦略目標に照らして効果を検証することがビジネスアーキテクトの役割です。

ビジネスアーキテクトの起源はエンタープライズアーキテクチャ

さて、このビジネスアーキテクトですが、実はビジネスアナリストの中から派生して生まれた役割ではありません。ビジネスアーキテクチャはもともとエンタープライズアーキテクチャ（EA）という手法の一部です。

EAはITを全社最適で導入するために開発された手法です。企業内の組織やプロセスの構造（ビジネスアーキテクチャ）と情報の構造（データアーキテクチャ）に基づいて、業務に必要な支援システムの構成（アプリケーションアーキテクチャ）やサーバ、ネットワークなどの技術基盤の構成（テクノロジーアーキテクチャ）を分析し、これらを最適配置していきます。個別のソフトウェア開発プロジェクトを運営するための方法論というよりは、それぞれのソフトウェアやサーバのような設備が、機能の重複や過度な細分化が生じないようにするための方法論です。

EAはIT関連の方法論として成長してきた側面が強く、今もその内容は技術寄りです。しかし本来、技術はビジネスを支えるための手段ですから、技術よりもビジネス側の視点をもっと充実すべきだと考える人たちがいて、このような人たちがビジネスアーキテクトとしてコミュニティを形成しつつ、ビジネスアーキテクチャの研究を推進してきました。[※3]

キャリアアップ先として注目されるビジネスアーキテクト

ここまでの説明を聞くと、ビジネスアナリストとビジネスアーキテクトは似ている役割にも、異なる役割にも見えます。ビジネスアーキテクトは各変革プロジェクトの目標、つまりビジネス要求をプロジェクトメンバーに説明するとともに、プロジェクト運営がその目標から外れていないか監視する役割を担います。つまり、ビジネスアナリストが各プロジェクトで、ソリューションに対して行っていることを全社的にスケールアップして行っているわけです。

このようなことから、ビジネスアーキテクトの中にも「ビジネスアーキテクトとはスケールアップしたビジネスアナリスト」として、積極的に仲間だと主張する人がいます。その一方、役割設立の経緯や企業内での所属部門の違いから、二つは異なる役割だと考える人もいます。

この議論の結論はまだ出ていませんが、少なくともビジネスアナリスト側は、ビジネスアーキテクトを積極的にコミュニティに取り込もうとしています。ビジネスアナリストから見ると、プロジェクトを効果的に進めるためには戦略とビジネス要求をしっかり

※3…著名なコミュニティとしては、ビジネスアーキテクチャの知識体系書「BIZBOK」を刊行しているBusiness Architecture Guildがあります。

理解する必要があります。また、影響範囲の広い大規模プロジェクトではビジネスアナリストチームのリーダーが、ビジネスアーキテクトのような構造管理や戦略との整合性管理の役割を求められることもあります。ですから、良きビジネスアナリストであろうとすれば、ビジネスアーキテクトの視点やノウハウが必要になるのです。

逆にビジネスアーキテクトから見ても、良きビジネスアーキテクトであろうとすればするほど変革の実行の現場に入って、プロジェクトを支援する必要があります。これは自らが描いたプランの意図をプロジェクト側にしっかり伝えた上で、そのプランが本当に実現可能か見定め、必要であればプランを修正する必要があるためです。あるビジネスアーキテクトは〝ダメなビジネスアーキテクト〟の例として、「変革の企画だけ行い、その実行はプロジェクトマネージャやビジネスアナリストに任せたまま、自分は休暇をとってしまう人」をあげていました。

このように良きビジネスアナリストとしての振る舞いも求められ、その逆もまた同じです。より経営に近く全体俯瞰的な視点を求められるビジネスアーキテクトは、ビジネスアナリストからすれば魅力的なキャリアアップの選択肢でもあります。このように役割としての関係性、そしてキャリアアップ先の一つとして、ビジネスアナリストからみたビジネスアーキテクトはとても意識する存在なのです。

第七章

あなたの会社に変革の文化はあるか

変革人材が活躍できる環境を作る

ビジネスアナリストが活躍するには、周囲が環境を整えることが大切になります。この章では、企業がビジネスアナリストを活用するために整えるべき仕組みと、経営者に求められる姿勢についてお話しします。この章はビジネスアナリストや、これからビジネスアナリストを目指す方よりは、このような人材を活用したいと考える経営者や管理職の方に読んでいただきたいと思います。

環境を整えなければ変革人材は活躍できない

ビジネスアナリストのような変革専門人材が企業内で目立つようになったのは、最近のことです。そのためこのような人材の働き方に即した制度が整っている企業はまだ多くはありません。では、ビジネスアナリストの働き方に即した制度とはどのようなものでしょうか。

ビジネスアナリストの働き方はオペレーション人材とは違う

これを考えるにはビジネスアナリストとオペレーション人材の違いを理解する必要があります。オックスフォード大学サイード・ビジネス・スクール准教授のジョナサン・トレバー氏と、慶應義塾大学准教授の琴坂将広氏は共同執筆した論文の中で、現在の企業は「業績を担う人材」と「変革を担う人材」という二つの人材のコラボレーションによって成り立っており、この二つの人材は採用、育成、働き方、評価や昇進の考え方まで根本的に異なっていることを論じています。※1

この論文における「業績を担う人材」とは販売や生産、物流など日々のオペレーションを通じて企業業績を生み出す人材を指し、「変革を担う人材」とはビジネスアナリストやエンジニアなどの変革活動を通じて長期的な競争力を強化する人材を指しています。ここでは前者をオペレーション人材とし、後者はビジネスアナリストとして話を進めます。まず、論文を参考に二つの人材の違いを簡単に表現してみました（図7－1）。

二つの人材の違いにはさまざまな観点がありますが、ここではわかりやすく「評価」「育成」「キャリア」という三つの観点に絞っています。これらの観点をもとにビジネスアナリスト向きの制度の考え方について見ていきましょう。

※1…「業績を担う人材」と「変革を担う人材」、組織変革で二つの異なる才能を共存させる（2017・4・28）：DIAMONDハーバード・ビジネス・レビュー（https://www.dhbr.net/articles/-/4815）

評価：より定性的で主観に基づく評価

まず評価の観点ですが、オペレーション人材の人事評価は「業績（売上額や処理量）」「管轄組織の規模（部下の数）」「業務の安定性（ミスやトラブルの少なさ）」といった軸が中心となります。このような定量指標だけが評価のすべてではないでしょうが、これらの指標なしで、オペレーションへの貢献を測ることも難しいのではないかとも思います。これらの評価項目はある程度、定量的、客観的、かつ短期的に評価することが可能です。

7-1　オペレーション人材とビジネスアナリストの違い

オペレーション人材（業績を担う人材）		ビジネスアナリスト（変革を担う人材）
組織の足元の業績を維持・拡大する	役割	長期的な組織の競争力を強化する
定量的で明確な基準に基づく評価	評価	より定性的で主観に基づく評価
同じ専門性を身に付ける	育成	それぞれが異なる専門性を身に付ける
より上位のポジションに昇進する	キャリア	プロフェッショナルとして専門性を磨く

ところがビジネスアナリストが取り組む活動は、売上などの定量的な指標に直結する活動ばかりではありません。また、取り組みを完了しても成果が見えるまで時間がかかることもしばしばで、評価期間内には成果を明確にできないこともあります。取り組みによって目的や規模、難易度が変わるため安定的に同じ考え方で評価することが難しいのです。

一般的にビジネスアナリストの評価は成果よりも、変革に必要な知識の広さと深さ、チームメンバーやステークホルダーからの信頼度合い、主張の合理性や説得力といった定性的な観点によって行われます。このような観点で評価しようとすると、評価者はその人の働きや振る舞いを間近でしっかり見ていないと評価などできませんし、一つ一つの行動の意図まで含めて評価者と被評価者がしっかりコミュニケーションを行う必要があります。また同じ行動でも見ている人の価値観で評価が分かれることもあるので、評価する側の人たちが事前に評価方針を相談しておくことも必要です。

第六章のパーソナルキャリアの事例を思い出していただきたいのですが、パーソナルキャリアでは評価を行動評価と成果評価に分け、成果評価もプロジェクトそのものの成否ではなく、プロジェクトに対する貢献度を評価するとしていました。このような個人の振る舞いを重点的に評価する仕組みにすることは、ビジネスアナリストという仕事の特性を考えると必然です。

育成：それぞれが異なる専門性を身に付ける

オペレーション人材は原則として皆が同じ仕事に従事します。これは多くの企業で、同じ職能の人材を一つのチームにまとめた「職能別組織」となっているためです。人材の育成は日々のオペレーションを滞りなく遂行するための技能の習得が中心となり、その技能に優れた管理職やベテラン社員が他の社員を育成することで、メンバー間の技能のばらつきを是正していきます。

一方でビジネスアナリストの育成方針は個々のメンバーによってかなり異なります。第五章で触れたようにビジネスアナリストの組織への貢献を支えているのはソフトスキルです。コミュニケーション能力は個々人の特性に依存し、論理的な議論が得意な人もいれば、相手の心情を理解して寄り添うことが得意な人もいます。このような能力を伸ばすためには座学や短期間のＯＪＴだけでなく、長期にわたる、しかも個々人の特性に応じた計画的な育成プログラムが必要になります。

ハードスキルを見ても、ビジネスアナリストの場合は皆が同じ能力を持つことが正解とは限りません。それぞれが従事する取り組みの特性は異なるので、それに合わせて各自が異なる専門性を学ぶ必要があります。これはビジネスアナリストチーム全体の能力を高める上からも合理的です。変革には幅広いノウハウが必要になりますが、皆が同じ専門性を身に付けていると、さまざまな局面には対応できません。ですから、それぞれが異なる専門性を身に付けた上で、チーム内で得意分野を活かして連携した方がより大きな成果を出すことができるのです。

個人の関心事と特性に応じた個別のプログラムを作ろうとすると、本人以外の人が一方的に教育プログラムを押し付けるということは難しくなります。ですから上司や先輩と相談しながらも、ビジネスアナリスト自身が主体性をもって自身の成長計画を考えていく必要があり、そのような自覚をビジネスアナリスト本人に促していくことも大切になります。

キャリア：プロフェッショナルとして専門性を磨く

オペレーション人材は業績をあげ、部下をしっかりマネジメントすることで、係長から課長、課長から部長というように昇格していきます。職務権限や給与のような待遇もこの職位に連動し、オペレーション人材にとって「キャリアアップ」とはほぼ上位の組織長となることを意味します。ところが、ビジネスアナリストにとってはこのようなことはキャリアの選択肢の一つでしかありません。確かにビジネスアナリストチームが大きくなるとチームマネジメントが必要になるので、組織長やチームリーダーを担う人も必要になりますが、その一方で別のキャリアを目指す人もいます。

代表的なものはプロセス変革の〝エキスパート〟としての社内外の認知を得て、活躍することです。専門性の高い職種の人材の中には、自身の存在意義を部下の数や売上といった観点よりも、専門知識や経験に置く人もいます。しかし、キャリアの意味するところが組織長という観点しかないと、専門性を高めても組織長にならなければ給与も上がらないし、社内からの認知も得られないとなってしまいます。ビジネスアナリストの持つ専門性に報いたキャリアを設計しようとすれば、このような職位や待遇と、組織長という役割を切り離して処遇する仕組みが必要となります。組織長は重要な役割とはいえ、社内にあるキャリアの一つでしかありません。今の企業を支える役割は多様であり、役割に応じたキャリアパスが必要になります。

二つの人材モデルを行き来することで将来のリーダーを育てる

ここまでオペレーション人材とは異なるビジネスアナリスト向けの制度の考え方を説明してきました。しかし、企業運営ではすべての人材が二つのルートに分かれて、個別にキャリアを築けば良いというものでもありません。なかでも各部門のリーダー（部門長や管理職）は両方の人材の視点を持っていてほしいところです。彼らはオペレーションを通した足元の業績の維持・拡大と、長期的な視点に立った変革の双方を両立しなくてはいけない立場だからです。

しかし、多くの企業の部門リーダーは変革活動の経験が不足しており、視点が保守的になりがちです。足元の業績を考えると新しい施策を導入することの混乱は避けたいですし、これまでの知識や経験では難しい判断を行うことにも不安を感じます。例えばデジタルマーケティングの施策を導入しようとしても、これまでの〝足で稼ぐ営業〟で成果をあげてきた営業部門のリーダーにとっては、施策の妥当性を判断することは難しいでしょう。それでも、施策を導入する最終的な決定権はこのようなオペレーションのリーダーにあることがほとんどです。仮に決定権者でなかったとしても、これらの人を脇に置いて無理に施策を導入しても目指す効果はでないでしょう。ですから、この立場の人たちがあまりにも頑なだと取り組みは進みません。

未知のことに不安を感じるのは人として当然ですが、リーダーであれば自分が知らないことでも専門家から話を聞いてしっかり理解した上で、先のことも見据えて施策の必要性を判断する必要があります。すべてのリスクを排除することは不可能ですから、許容できるリスクとそうでないリスクを見極め、許容可能なものであれば積極的にチャレンジしていくことも必要でしょう。このような視点を持つためには、やはりリーダーとなる人に変革とはどういうことなのか、経験を通して学んでもらうべきです。

このバランスのとれたリーダーを育てるために、ビジネスアナリストというポジションを積極的に活用している事例があります。ある外資系金融業ではビジネスアナリストは「業務品質向上部門」と呼ばれる部門に所属していて、社内のオペレーション部門が生産性改善のために困ったことがある際に、プロセス変革の専門家の立場から支援してくれるそうです。この部門に所属するビジネスアナリストは、オペレーション部門でも特に優秀な人材が一時的に異動してその任にあたります。この部門には変革専門の〝エキスパート〟キャリアを選んだ専任ビジネスアナリストたちもいて、このような幹部候補生に対する教官として変革活動のいろはを教えます。そしてここで学んだオペレーション部門出身者たちは、何年か経験を積むとまたオペレーション部門に戻っていくのですが、この際には一つ上の職位で戻るそうです。これにより業績維持と変革、双方の視点をバランスよく持ったリーダーとしての振る舞いを期待されるのです。ビジネスアナリストを専門職として認知することは、このように優秀な社員に異なる役割を計画的に経験させて、バランスのとれた将来の経営幹部を育てるための教育機関のような役割を期待することもできます。

企業の中にはオペレーション専門で活躍する人がいても良いですし、変革専門人材として活躍する人もいてほしいところです。その上で双方の人材をマネジメントするリーダーには両方の人材の働き方を理解していただければと思います。

ビジネスアナリストたちをどのように社内に配置するのか

ビジネスアナリストを支える環境として、ビジネスアナリストを社内の組織にどのように配置するのかということも大きな関心事かと思います。ここではこれを考えてみましょう。

所属部門が提供すべき組織的支援

ビジネスアナリストの配置を考える上では、ビジネスアナリストに対してどのような組織的支援が必要かを理解する必要があります。これには大きく分けて三つあります。

まず一つ目はビジネスアナリストの能力支援です。一言で能力支援といってもビジネスアナリスト個々人の教育だけにとどまりません。過去の事例を整理して活用できるようにしたり、ビジネスモデリングの方法論やモデリングツールを整備したり、プロセス変革活動に関する啓蒙を通してビジネスアナリストが社内で活動しやすくしたりと、ビジネスアナリストがその能力を存分に活用できるようにするためのあらゆる施策が含まれます。パーソルキャリアやＭｏｎｏｔａＲＯが進めていたような、標準の業務フローを整備する活動もその一つです。

二つ目はビジネスアナリストのメンタルケアです。その働き方ゆえに、ビジネスアナリストはストレスを抱えやすく、孤立しやすい傾向があります。定められた手順に従い、着実に仕事を実行できるオペレーションと違い、まだ見ぬ未来のプロセスを設計する取り組みでは、どうしても多少の想定違いや手戻りは生じてしまいます。また、社内のさまざまなプロセスやルールを変えようとすると変化に不安を持つ人から強い抵抗にあうこともあります。このようなリスクからくるストレスや人間関係上の孤立感は、ビジネスアナリストであれば誰しもが抱えるものです。このために各種のメンタリングの仕組みや、所属するプロジェクトは違ってもお互いの悩みを話せる同僚が集まる場が必要になります。

そして三つ目がビジネスアナリストに向けた制度の設計です。この章の冒頭で説明したような評価やキャリアの考え方などを、誰かがビジネスアナリストの立場をくみ取った上で、設計しなければなりません。

〝集中配置〟と〝分散配置〟という二つの異なる考え方

このような三つの支援機能の必要性の前提に立った上で、ビジネスアナリストの配置の仕方については二つの考え方があります。一つはビジネスアナリストを特定の組織に〝集中配置〟させることです。専門人材を集めた専門組織を海外では一般に「CoE（Center of Excellence）」といいますが、このような組織にビジネスアナリストを所属させます（図7－2）。

集中配置の最大のメリットは、先ほど述べた「能力支援」「メンタルケア」「制度設計」という三つの支援機能を提供しやすいことです。一か所に人材が集中していれば、教育にしても制度設計における意見の集約にしても、進めやすいことは想像に難くないと思います。またCoEがあると経営主導で全社的なプロセス変革を進める際に体制を組成しやすくなります。ですからまだ社内にビジネスアナリストという人材が認知されておらずしっかり人を育てたい場合や、経営者がこのような人材を直接活用して社内の変革を進めていきたい場合は、この配置方法が向いています。

もう一つの考え方がビジネスアナリストを必要とする社内の各部門に〝分散配置〟することです。例えばIT導入を担うビジネスシステムアナリスト（BSA）であればIT部門に、各部門の業務改善を担うファンクショナルビジネスアナリストであれば各ビジネス部門に配置するという考え方です（図7－3）。

社内で大小のプロセス変革を同時並行で進める場合は分散配置の方が効率的です。ビジネス

7-2　ビジネスアナリストをCoEに集中配置する例

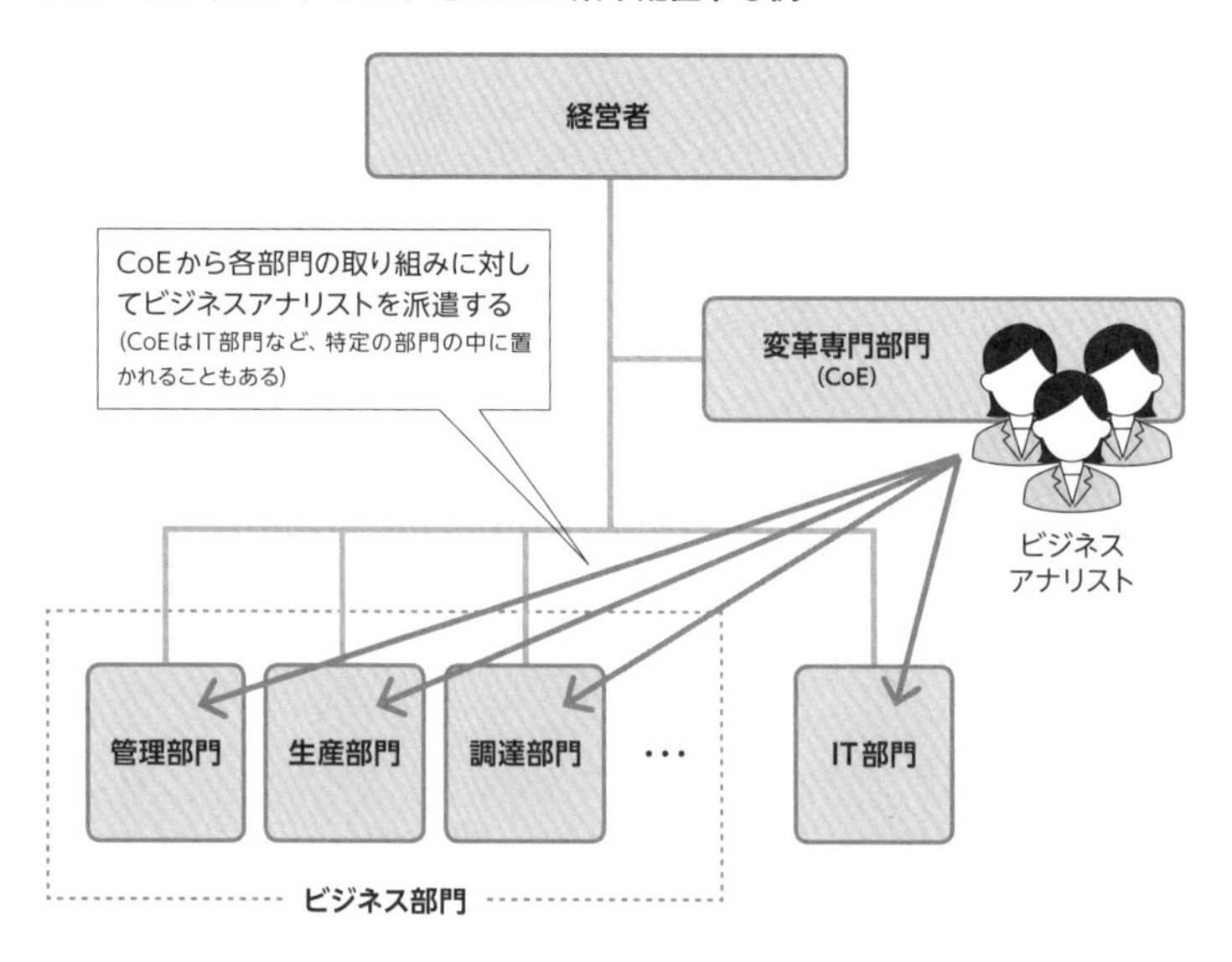

アナリストが従事する変革の裁量権は、それぞれの取り組みのオーナー部門にあります。ですから各部門主導の変革は部門長の下にビジネスアナリストを配置した方が、部門のリーダー層や現場との意思疎通をとりやすく、取り組みの推進力は高くなるのです。

　このようなことを総合的に考えると、はじめはCoEでビジネスアナリストを育てつつ、経営の庇護の下、社内の各部門の変革を支援していき、社内にビジネスアナリストの認知がされ、各部門も独力で変革を進めるこ

7-3　ビジネスアナリストを各部門に分散配置する例

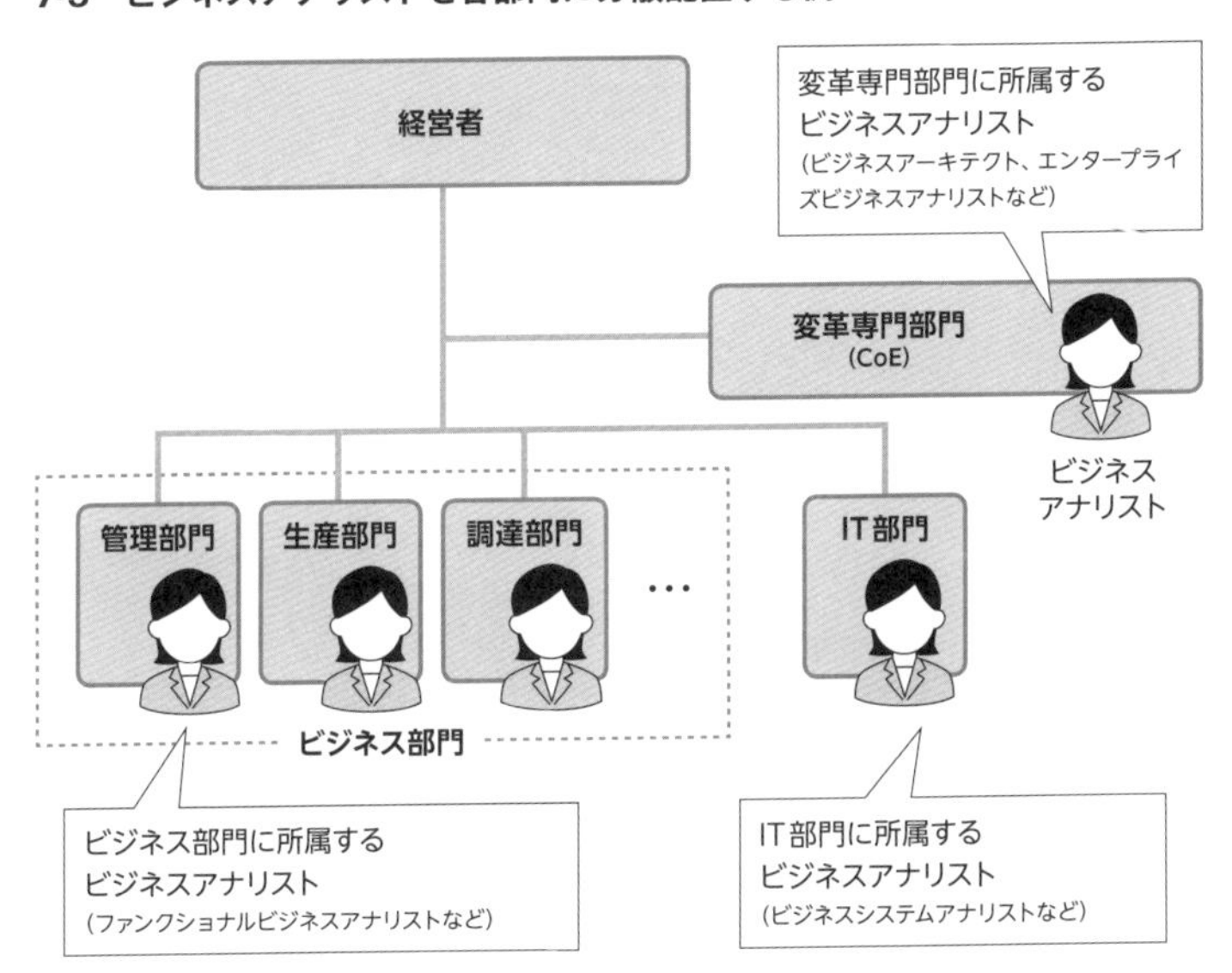

とが可能だと判断したら徐々に分散配置にもっていく、というのがビジネスアナリストの配置の一つの考え方です。ただ、すでに社内に潜在ビジネスアナリストが多数いて、このような人材の所属部門を変えずに正式にビジネスアナリストとして認知していくような場合は、はじめから分散配置の形式をとることもできます。

なお、海外の事例を見るとビジネスアナリストを完全にCoEだけに集中配置させることができるのは中小規模の企業か、ビジネスアナリスト育成の過渡期の企業に限られるようです。大企業になると地理的に拠点が分散していたり、たくさんのグループ企業を抱えていたりと組織が複雑です。変革のミッションを持っている各組織のリーダーからすれば、必要な際にいちいちCoEから人材を借りるなど、やりにくくて仕方がありません。ですから、程度の差こそあれ複数の組織にビジネスアナリストが分散配置されていることの方が一般的です。このような大企業にもCoEは存在していますが、CoEは経営直轄の変革案件を担当したり、前述のようなビジネスアナリスト向けの支援機能を担当したりする専門部門としての位置づけで、CoEがあるからといってすべてのビジネスアナリストがそこに集中配置されているとは限りません。

〝Community of Practice〟で相互連携の場を作る

社内にビジネスアナリストが分散配置されることは、さまざまな変革を効率的に進めていくのには都合が良いのですが、ビジネスアナリストに対する「能力支援」「メンタルケア」「制度設計」という三つの支援機能を提供しにくくしてしまうというデメリットがあります。その結果、部門によって活用する方法論やツールが異なってしまったり、教育がCoEだけに閉じてしまい、各部門所属のビジネスアナリストには行きわたらなかったりというような問題が起きます。本来、部門の壁を越えて連携すべきビジネスアナリストが部門のサイロの中に閉じ込められてしまうのです。

このような問題を解決するために近年、海外の企業ではビジネスアナリストのために社内コミュニティを作る取り組みが盛んで、このコミュニティを「Community of Practice（以降CoP）」といいます。[※2]日本語では〝実践者集団〟と訳されますが、簡単に言えば、〝同じ職種の仲間が集まる場〟という感じでしょうか。このCoPの運営事務局はCoE部門が担うことが一般的です。

CoPは分散配置されているビジネスアナリストに対して、さまざまなサービスや

※2…なおCoPという言葉自体は「なんらかのテーマに関する知識や技能を、相互交流を通じて、お互いに高める（深める）集団」を指す用語で、決してビジネスアナリストに限った概念ではありません。

交流の場を提供します。例えば能力支援に関しては共通トレーニングの実施や、社内事例を格納するためのレポジトリやモデリングツールの提供といったことを行います。またそれぞれが持っているノウハウや経験を共有するための勉強会や事例発表会といった交流イベントを企画したりもします。このような場はビジネスアナリストの孤立防止という点でも役立ちますし、制度設計においてビジネスアナリストたちの意見吸い上げと集約の場として活用することもできます。

欧州のある銀行では2013年ごろ、異なる地域や部門に1000人以上のビジネスアナリストがいたそうです。2014年から2016年にかけて、ある地域でビジネスアナリストが連携して交流イベントを行ったり、共同でトレーニングを受講したりといった取り組みがはじまりました。この取り組みが経営陣の目に留まり、2017年にはこのコミュニティがグローバルで一つのコミュニティとして再立ち上げされました。この過程で社内のビジネスアナリストの役割を再定義して、新たなメンバーが加わったこともあり、コミュニティの所属メンバーはその後2000人以上に成長したそうです（2017年時点）。

経営学では、それぞれ違う経験や専門性を持った人々がお互いにつながり、ノウハウを交換しながら連携する組織は高い生産性を示すといわれており、このような考え方を「トランザクティブメモリー」といいます。自分に足りないノウハウが必要になった時には何から何まで自分で勉強して対処するよりも、「組織の中の誰がそれに詳しいか」を知っていて、その人材に速やかにアクセスした方が、圧倒的に効率的です。CoPにはこのトランザクティブメモリーを育てるという効果があるのです。

変化への姿勢こそが最も大切な環境

この章の最後に、特に経営者の方にお伝えしたいことがあります。それはどれだけビジネスアナリストを育成したとしても、彼らを活かすも活かさないもあなた次第だということです。

「この会社のビジネスアナリストの育成や人事の仕組みはまだ不十分だと思う。ただ、事業環境が激しく変わるなかで、ビジネス部門のリーダーたちも変革の必要性は強く感じている。だから忙しい自分の代わりに変革を進めてくれるビジネスアナリストたちには協力も感謝もしてくれる。それだけでもビジネスアナリストたちは、やりがいは感じてくれている」

これはあるITサービス企業のビジネスアナリストチームのリーダーの言葉です。ビジネスアナリストがいれば業務改善が自動的に進んで、何か素晴らしい成果が出ると考えるのは大間違いです。社内の皆が変革を進めたいと思っているにもかかわらず、時間もノウハウも足りないという時に、ビジネスアナリストがこれを支援するからこそ取り組みが前に進みます。この「皆が変革に前向きなこと」こそが、ビジネスアナリストが活躍するために最も大切な環境でしょう。ただ、このような環境を作ることはけっして簡単ではありません。

〝なぜ変革が必要なのか〟それをはっきりさせる

今の社会において「プロセス変革に後ろ向き」と公言する企業はありません。どの企業も盛んに変化に立ち向かっていることをアピールしようとしています。ただ、その実情は企業によってかなりの差があります。

経営者を中心に組織一丸となって、あるべきプロセスの姿を考えようとする企業がある一方で、何を変革したいのかわからない企業に出会うこともあります。経営者からは「生産性をあげろ」とか「残業を削減しろ」といった曖昧な指示だけが各部門に下ります。指示を受け取った各部門のリーダーも売上の維持やメンバーのマネジメントといった短期的な活動ばかりに忙殺されてしまい、これらへの対応は後回しになります。ひどい場合だとその指示がそのまま現場担当者に投げられたりします。

これは皆が「誰かなんとかしろ」と言っているだけで、誰も主体性をもって変革を進めようとしていない状態です。このような環境でプロセス変革を担当することになった人は悲劇です。他の社員は活動の意義を理解していませんから、活動に協力してもらえるわけがありません。上司に協力を求めても「自分でなんとかしろ」と言われてしまったりもします。そして、変革担当となった人はどんどん孤立し、そのモチベーションを下げていきます。結局のところ、組織として取り組みの意義と目標が合意されていて、関係者全員が「やらなければ！」という意識になっていなければビジネスアナリストは活躍できませんし、そもそもこのような人材を置く意味もないのです。

「変化に前向きな企業」というのは、なにも皆が和気あいあいと楽しく活動をしているということではありません。昨今の変化の激しい市場環境ではどのような企業でもこれまでと同じ姿であり続けることは不可能です。先手を打って変化を生み出していかなければ組織は生き残ることができません。ですから、私たちは「変革に前向きな企業」とは自社の置かれた状況を理解しており、社員の末端まで「やるべきことはやる」「変えないと生き残れない」と意識している組織だと考えています。

ただし、いくら皆の意識が高くても、それぞれが異なる未来像を思い描いては取り組みが進みません。ですから、経営者を中心に組織が達成すべき成果や目指すプロセスの姿を明確にして、社員の隅々までしっかり展開されている必要があります。このようなことがあってはじめて社員は変革の意義を理解できるようになります。これを行うことは経営者や上級管理職の責任です。

経営者もビジネスプロセスを理解し、共に未来を描く

目指すプロセスの姿を明確にして社員に説明することは簡単ではありません。プロセス変革の現場を見ていると、経営者からは「生産性20％向上」や「リードタイム10％削減」といった達成すべき数値目標だけが下りているということがあります。確かにこのような目標の明確化は大切なのですが、それ以上にどのように達成するのかという〝How〟の部分が大切です。「生産性20％向上」のようなスローガンは、それだけなら誰でも言えることで、現行プロセスのどこに変革の余地があるのか、どのようなプロセスの姿ならそれを達成できるのかということに踏み込まないメッセージは、受け取る側から信用されません。

ます。企業の中で部門の境界を越えて連携することはもちろん、時にはサプライヤーを含めたサプライチェーン全体を最適化したり、パートナーシップを強化したりするといったように企業の境界すら越えることもあります。ですから境界で権限が区切られてしまう各部門任せの活動では、実効性の高いプロセス変革は行うことができません。このようななかでプロセス全体の姿を想起して、各部門それぞれの役割に分解して説明していくことは、最終的には経営者でなくてはできないことです。ですからこれまで以上に経営者もビジネスプロセスを理解し、説得力のあるビジョンを社員に語っていくことが必要になります。[※3]

もちろん経営者が独力で、自社のプロセスのすべてを細部まで理解し、変革を遂行していくことは無理があります。ですからプロセスの可視化や変革の計画といった労力のかかる作業は、この章でCoEとして説明したような経営直轄のビジネスアナリストが必要になるでしょう。第六章で紹介したMonotaROを思い出してください。

※3…なお、ここでの経営者は事業のトップを指しています。企業によっては極めて多くの事業を展開していて、いわゆる経営陣（社長などの取締役）が必ずしも事業のトップでない企業もあります。そのような場合は事業部長などの各事業の上層部が事実上の〝経営者〟としてビジネスプロセスのビジョンを描く必要があります。

MonotaROではBPM推進室（この企業のCoEといえます）のもとでプロセスの可視化を進めていました。そして経営者（社長）、部門長、そして現場の担当者も入ったセッションでプロセスの状況と改善策を討議しています。このような場があれば経営者はプロセスを理解し、現場の意見を聞きながら直接行うべき施策を討議できます。現場の状況を知ることは経営者にとっても良い刺激になっていますし、逆に現場の社員はプロセスの全体が見えないなかで、普段疑問に思っていることを経営者にぶつけることもできますから、双方向の学びの場となっています。

トヨタには「現地現物」という言葉があります。技術が発達した今でも、現場に足を運び、実際にこの目で見て理解することが経営の基本であるという姿勢を示す言葉です。経営者がしっかり現場の仕事の在り方を理解して連携していく、その延長線上で企業は価値を生み出すことができます。

チャレンジを奨励して、長い目で人材を育てる

この本ではビジネスプロセスマネジメントという専門性とビジネスアナリストという役割への認知を高めて、これに携わる方たちの活躍の場を広げていくことの大切さをお話ししてきました。このことの企業にとっての究極的な意義とは「変化に即応で

きる体制を整えること」につきます。

今のような変化の激しい経営環境では経営者は早くこのような体制を整えたいと思うでしょう。外部人材に頼った体制では、これが難しいことは第五章で述べた通りです。その一方で、内部でこのような人材を育てるには一定の時間がかかります。パーソルキャリアのＢＩＴＡの取り組みでは一定の手ごたえを感じられるようになるまで三年、本当に価値のある活動だと実感できるようになるまで五年かかったと伺いました。私は良品計画の業務改善の体制を作り上げた、前会長の松井忠三氏にお話を伺ったことがあります。この時、松井氏も一定の手ごたえを感じるまで三年、全社に文化が定着したと思えるようになるまで五年かかったと仰っていました。おもしろいもので大きな組織変革を成し遂げたリーダーの方は異口同音に「手ごたえを感じるのに二年から三年、本当に成果を実感するのに五年」と仰います。経営者にはこの長い時間に投資をする覚悟が求められます。

人を育てるためには、対象者に幅広い挑戦を促していく必要があります。しかし、新しいことに挑戦すれば、はじめは失敗の連続です。それをいちいち叱責していては誰もこのような役割を引き受けなくなってしまいます。大切なのは失敗しないことではなく、失敗から学んでいるか、それを周囲と共有しているのか、といった失敗を糧にする姿勢です。経営者は積極的にチャレンジを奨励し、成功しても失敗してもその経験を次の活動に活かすことを促してほしいと思います。また、このような失敗の中で当のビジネスアナリストたちが心折れてしまうこともあります。ですから経営者は、当時者たちよりも長期的な視野をもって励ましていく姿勢も必要です。

そして一度人材が育ち、取り組みが前に進むようになるとこれまでとは違った風景が見えてきます。ジーンズショップを展開する株式会社ライトオンでは以前は社内のビジネスプロセスの構築を社外人材に頼っていたそうです。パッケージソフトウェアを中心に組まれた基幹システムはその維持に多額の費用がかかり使い勝手も良くないもので、これが経営陣を悩ませていました。そこで当時ＣＩＯだった川崎純平氏（現社長）は社外の人材にシステムの企画を任せることをやめて、自社で求めるシステムの姿を検討する体制に切り替えました。ライトオンではシステムの開発自体には外部のエンジニアを活用していますが、要求管理はビジネス部門の出身者が行っています（システム部門もその名を「業務改革室」と言います）。このような取り組みの結果、更新した基幹システムは旧システムと比べて運用費で六割、開発費で八割ものコスト削減を達成し、ビジネス部門の要望を叶えることができる余地も大きく向上したそうです。※4

このように本当にビジネスアナリストが活躍できる組織を作るためには、時間をかけてでも変革に前向きな組織を作り上げる強い意志が必要です。しかしそれを乗り越えてビジネスアナリストが活躍する組織が生まれたときには、そこにはビジネスアナリストだけでなく社内のすべての人材が変化に前向きに立ち向かう姿があるでしょう。

※4…日経コンピュータ 2017年2月16日号より

おわりに　プロセスビジョナリーな組織を目指して

この本ではビジネスアナリストという役割をさまざまな角度から解説するとともに、企業においてビジネスプロセスマネジメントを専門性として認知することの必要性を訴えてきました。皆さんは、この本を読んでどのような感想をお持ちになったでしょうか。もし、これをきっかけにビジネスプロセスマネジメントという専門性、そしてビジネスアナリストという役割に興味を持つ方が増えるようでしたら幸いです。

広がるビジネスアナリストの活躍領域

ここまで、ビジネスアナリストを「ビジネスプロセスマネジメントの専門家」として紹介してきましたが、世界のビジネスアナリストの活躍のフィールドは今やプロセス変革に留まらず、新規ビジネスの創造やデータ分析、サイバーセキュリティなどさまざまな領域に広がっています。それだけ周囲と協調しながら戦略を実装可能なレベルまで落とし込むというビジネスアナリストのスキルは汎用性が高いということでしょう。そして、この活躍領域の広がりはデジタル化の波とともに、今後ますます広がっていくことが予想されます。

こうした世界観の変化がある中で、この本ではどのようにビジネスアナリストを皆さんに紹介するのか、正直なところ私たちにも迷いがありました。この本では「ビジネスプロセスマネジメントの専門家」と紹介していますが、海外のビジネスアナリストたちから「〝プロセス〟という言葉が示す範囲は、今のビジネスアナリストのフィールドを示すには狭いのではないか」というフィードバックをもらうこともありました。

一方で、ビジネスアナリストの本来の専門性である「ビジネスアナリシス」もその定義はまだ流動的です。起源であるソフトウェアの要求管理の延長線上の手法として狭くとらえる人もいれば、企業のあらゆる変革を運営する手法として、とても広くとらえる人もいます。このように定義に共通認識がないなかで、あえて私たちはビジネスアナリストを「ビジネスプロセスマネジメントの専門家」として紹介することに決めました。ビジネスアナリストの専門性の礎がプロセス変革にあることは紛れもなく、またビジネスアナリシスという考え方が定着していない日本においては、このように紹介することが、その普及のために最も近道だと考えたからです。

この本で「ビジネスプロセスマネジメント」として表現した企業構造の分析と変革を担う専門性の歴史は30年ほどしかありません。ただ、この30年だけを見ても、ビジネスアナリシスの知識体系や要求管理に関わる専門性が確立されたり、Six sigmaをはじめとするプロセス変革の手法やビジネスモデリングの手法とツールが普及したり、BPR（ビジネスプロセスリエンジニアリング）やビジネスアーキテクチャという概念が生まれたり……とビジネスプロセスマネジメントを取り巻く環境は変化し続けてきました。こうした環境変化にあわせて、ビジネスアナリストも活躍領域や専門性を広げてきたのです。

この先もまだビジネスアナリストを取り巻く世界は変化し続けるでしょう。この本はビジネスアナリストを知る上で入り口にすぎません。本を読んで興味を持っていただいた皆さんが、世界のビジネスアナリストコミュニティとつながり、その世界を広げていっていただけることを期待したいと思います。

“ビジネスプロセス”というフロンティア

今ビジネスプロセスマネジメントは、その重要性を一層増しています。変化が速くなり、しかも変化の方向性が予測できないビジネス環境では、机上で戦略を立案することに限界が生じています。何が正解か分からない世界で延々と悩み続けていてもチャンスを逃してしまうかもしれません。ですから、主観的な仮説に基づいて実験的な取り組みを行い、プロセスから上がるデータをもとに戦略を機動的に修正していくことが求められるのです。「やってみた結果を元に戦略を改良していく」ということですから、戦略そのもののマネジメントにビジネスプロセスマネジメントが必須となります。

このような考え方の下では「戦略を立案する経営者」と「指示された戦略を実行する現場」というような単純な役割分担は成り立ちません。戦略の立案・改良も実行も一体として、チームで運営していく必要があります。そこには事業企画や各オペレーションの担当者はもちろん、エンジニアなど領域の異なるさまざまな専門家が参加します。このように多くの人が関わる中で、戦略修正のペースに合わせてビジネスプロセスを迅速に構築し、そして作り変えていくことは、考え方によっては戦略立案よりもはるかに難しいかもしれません。

これからの企業の競争力はビジネスプロセスマネジメントの能力に左右されます。もしあなたの会社ではこのことに気づいて、取り組みをはじめているでしょうか。もしあなたがビジネスプロセスマネジメントに携わる役割であるのなら、役割の認知が低いと嘆いている場合ではありません。私たちはまだ多くの人が気づいていない、企業の競争力の最前線に立っていると考えて、専門性の確立と周囲の啓蒙に努めましょう。

理想のプロセスを皆で語り合う〝プロセスビジョナリー〟な組織へ

今、市場では「デジタルトランスフォーメーション」や「イノベーション」といったビジネスの革新を求める言葉が目立ちます。また「生産性向上」や「働き方改革」というように仕事の在り方を考え直すように求める社会の要請もあります。もちろんこれまでも、そしてこれからもお客様の期待に対して誠実に応えていかなければなりません。企業はこのようなさまざまな〝外部からの要求〟を受け止めて、自社の戦略に反映します。

ただし、戦略目標を達成する手段は一つではありません。組織の生産性を向上させるにしても、ハイパフォーマーを優遇して従業員の意識に働きかけることで生産性向上を図る考え方もあれば、標準化された仕組みで従業員の能力差を平準化して底上げすることで生産性向上を図る考え方もあります。デジタル技術活用に関しても、導入のスピードを重視してクラウドソリューションを使うことも正解なら、自社が強みを持つプロセスに徹底的に合わせるために自主開発したデジタル基盤を作り上げることも正解です。デジタル技術や企業間パートナーシップの広がりはビジネスプロセスマネジメントを難しくしたことは事実ですが、それは同時にプロセスの在り方にさまざまな選択肢をもたらし、プロセスの自由度を高めたともいえます。

目標に至る道筋が複数ある中で、そこからどれかを選ばなくてはならないのであれば、そこにはプロセスに対する思想〝プロセスビジョン〟が必要です。自分たちはどのようなプロセスを作り上げ、そこで社員（や他の関係者）がどのように働く姿を見たいのか、それが問われます。これは企業の在り方そのものをデザインしているといっても過言ではありません。組織がプロセスビジョナリーでなければ、溢れかえる選択肢の中で目標に対して適切なビジネスプロセスを組み上げることはできないでしょう。

著者の一人である山本はかつてあるエレベータ会社の保守プロセスの変革に、外部のビジネスアナリストとして関わったことがあります。その際、お客様のリーダーの方は「私たちのプロジェクトの結果で4000人の保守員の仕事のやり方が決まる。だから絶対にいい加減な仕事の設計をしてはいけない。」と常に仰っていました。ビジネスプロセスを創造することの楽しさは、そのプロセスの上で多くの人が働き、輝く姿を見ることができることです。ただ目標を議論するだけでなく、実際に〝動く〟プロセスを皆で組み上げることにこそビジネスプロセス変革に携わることの醍醐味があります。そのために経営者、管理職、そして現場の担当者と、プロセスに関わるすべての人が集まって知恵を絞ってほしいと思います。

企業がこれからそのような活動を進めようとすれば、そこにはビジネスプロセスマネジメントの専門家であるビジネスアナリストが必要になるでしょう。ビジネスアナリストという職業自体はまだ新しいものの、ビジネスプロセスに対する高い専門性と、デジタル技術の活用スキルを兼ね備えた人材がいることは、デジタル化が進む市場の中で企業の競争力を高める源泉になります。ビジネスアナリストが皆のハブとなりつつも、関係者全員がその力を結集して新たなプロセスの姿を作り上げる力を得たとき、その企業は真にプロセスビジョナリーな組織としてこれからの時代をリードしていくことでしょう。

謝辞　あとがきにかえて

この本の出版にあたり、お世話になった方に感謝の意を表したいと思います。

まずインタビューにご協力いただいた各社の方に、御礼を申し上げたいと思います。株式会社良品計画では森口敏和様にインタビューにご協力いただくとともに、大栗麻理子様にインタビューの調整と原稿のチェックにご協力いただきました。パーソルキャリア株式会社では片山健太郎様と家城一彦様にインタビューにご協力いただくとともに、朝比奈ゆり子様にインタビューの調整にご協力をいただきました。株式会社MonotaROでは中村武徳様にインタビューにご協力いただきました。認定NPO法人サービスグラントでは嵯峨生馬様にインタビューにご協力いただきました。

またこの本の執筆にあたりさまざまな有識者の方に相談にのっていただきました。慶應義塾大学総合政策学部の琴坂将広准教授には面会の機会をいただき、今後の企業の変革人材の在り方について、さまざまな示唆をいただきました。日経BP総研上席研究員の谷島宣之様には日本におけるビジネスプロセス変革を誰が行うべきかについて、ディスカッションにお付き合いいただきました。コムチュア株式会社社外取締役の都築正行様には前著に引き続き、読者の視点からさまざまな指摘をいただきました。アラスカ航空でビジネスアナリストとして活躍しているジャナパレディ佳代様とＩＩＢＡ日本支部理事の寺嶋一郎様、塩田宏治様、清水千博様には、日本と海外でビジネスアナリストに対する認知や、さまざまな言葉の定義が大きく異なる中で、どのような用語でこの本を展開すべきか相談にのっていただきました。ＬＴＳ社内に目を移すと、ＬＴＳマーケティング部の桙田雄也さんと重藤有乃さんには出版に関するさまざまな調整や相談にお付き合いしていただきました。そして、この本の刊行にあたっては、プレジデント社の浦野喬様に企画から出版まで支援していただきました。

最後に、この本はこれまでカンファレンスや研修を通じて出会ったり、さまざまなプロセス変革案件を共に行ったりした、すべての方との対話がもとになっています。数多くの海外のビジネスアナリストたち、そしてビジネスアナリストという肩書でなくてもビジネスプロセスの変革に日々汗を流している、日本企業の変革担当者の皆さんとの出会いがなければこの本は生まれなかったでしょう。皆さんとの出会いに心から感謝するとともに、厚く御礼を申し上げたいと思います。

Process Visionary

デジタル時代のプロセス変革リーダー

2019年9月27日　第1刷発行

著　者　山本政樹・大井 悠
発行者　長坂嘉昭
発行所　株式会社プレジデント社
〒102-8641
東京都千代田区平河町2-16-1
平河町森タワー13階
https://www.president.co.jp/
https://presidentstore.jp/
電話 編集03-3237-3733
販売03-3237-3731
販　売　桂木栄一、高橋 徹、川井田美景、森田 巌
末吉秀樹、神田泰宏、花坂 稔
イラスト　たかはしみどり
装　丁　鈴木美里
組　版　清水絵理子
校　正　株式会社ヴェリタ
編　集　浦野 喬
制　作　関 結香
印刷・製本　大日本印刷株式会社

ISBN　978-4-8334-5146-8
Printed in Japan